Fritz Heinrich Lotterfuchs

Mann und Frau machen sich frei –
voreinander und voneinander

Geschlechterkrieg oder Klassenkampf?

Fritz Heinrich Lotterfuchs

Mann und Frau machen sich frei
– voreinander und voneinander

Geschlechterkrieg oder Klassenkampf ?

Bibliographische Information Der Deutschen Bibliothek:
Die Deutsche Bibliothek verzeichnet diese Publikation in
der Deutschen Nationalbibliographie; detaillierte
bibliographische Daten sind im Internet abrufbar über
http://dnb.ddb.de

Herstellung und Verlag :
BoD – Books on Demand, Norderstedt

Gedruckt auf alterungsbeständigem Papier
(holz- und säurefrei)

Umschlaggestaltung : E. L. Schmidt

Printed in Germany

ISBN 978-3-7481-2455-9

INHALT

„Ein Knabe wird zur Schule geschickt, wenn es zu spät ist, ihm noch etwas beizubringen. Die Hauptsache ist schon geschehen, und Gott sei Dank ist sie fast immer durch Frauen geschehen." „Ich halte meine Behauptung von Anfang bis Ende aufrecht, dass man die Kinder nicht retten kann, solange man nicht die Väter retten kann." *(Gilbert Keith Chesterton)*

Meiner Familie gewidmet

Prekariat oder Proletariat ?

Dass Wirtschafts- und Gesellschaftswissenschaftler nur noch verschämt und verschleiernd von so etwas wie „Prekariat" sprechen, kommt der sozialen Unterschicht dialektisch zu gute. Im Schutz dieses Totgeschwiegenseins kann der Arbeitssklave aller Länder sich in Ruhe erholen von der langjährigen ideologischen Indienstnahme durch totalitäre „Volksdemokratien" und sozialistische Militärdiktaturen. Mit „Prolls" sind heute nur noch grobianisch primitive Dummköpfe gemeint. Aber den proletarischen Arbeitnehmer, der die skandalös unterbezahlten Drecks- und Knochenarbeiten zu machen hat, gibt es natürlich auch heute noch, selbst mitten im modernen Sozialstaat; er ist nur allseits unsichtbar geworden. Offiziell existiert ja dieser Untote in den ausdifferenzierten Hochindustriegesellschaften gar nicht mehr. Die Sozialbürokratie beschäftigt sich nur noch mit seiner Vollbeschäftigung, aber in der soziologischen Forschung und öffentlichen Meinung spielt er so gut wie keine Rolle mehr. Der „Blaumann" ist kaum noch Gegenstand politischer, volkspädagogischer oder kultureller Bemühungen mehr, sondern funktional aufgestiegen zum „Sozialpartner". Die *sozialistische Frage* scheint tot, und die Hochindustrienationen finden die *soziale Frage* tarifgewerkschaftlich und sozialstaatlich prinzipiell gelöst, obwohl es breiten Konsens gibt, dass die Reichen immer reicher und die Armen immer ärmer werden, seit die hegemoniale „Finanzwelt" sich von der „Realwirtschaft" weitgehend abgekoppelt hat, ohne ihr noch sehr zu dienen.

Handarbeit und Kopfarbeit sind weiterhin auf verschiedene Klassen oder Schichten verteilt, obwohl die Bürger sich um harmonische Einheit von Hand und Herz, Hirn und Hoden eifernd bemühen – wie immer vergeblich. – Geistert die verdrängte Unterschicht wenigstens noch durchs Unterbewusstsein des Mittelstands?

Zweihundert Jahre Arbeiterbewegung sind auch ein Jahrhundert des Scheiterns gewesen, und die Versuche, dieses Scheitern zu erklären, waren so häufig wie die Versuche, dieses Scheitern als Sieg mißverstehen zu lassen, um einen Grund zu haben, daß besonders die Bosse und Bonzen der Arbeiter so weitermachen wie gehabt. Wer das Projekt einer internationalen Arbeiterbewegung nicht ganz aufgeben will, weil seine Gegner es für gescheitert ausrufen, wer sie also nicht enden lassen will in der Verkleinbürgerlichung oder in sozialistischen Volksparteien, der braucht weder eine Revolution der Revolutionsidee noch eine neue deutsche Reformation oder neue Kulturrevisoren, sondern einfach eine kleine Kurskorrektur, die so bescheiden klingt, daß die meisten sie für ein reaktionäres Wendemanöver halten müssen. Es gab viele verschiedene Theorien der Arbeiterbewegungen und der proletarischen Revolution, aber alle diese noch so bunten und widersprüchlichen Theorien hatten doch dieses eine gemeinsam bisher, daß sie nach der Vorstellung und dem Willen ihrer Konstrukteure von den Arbeitern ebenso in die Praxis überführt wie eben keineswegs von Arbeitern selbst aufgestellt werden sollten, um wirklich brauchbar zu sein. Es gab immer proletarische Theorien *für* Arbeiter, aber nie *von* Arbeitern. Theorien von Arbeitern über Bürger oder über

Adlige (Beamte) heißen 'vorwissenschaftliche Lebensweltberichte', die bestenfalls die Rohstoffe für bürgerliche Wissenschaftsprozeduren abgeben können. Was den Arbeitern bis heute fehlt, ist nicht Arbeit, sondern Geistesarbeiter zu werden. Bis heute kostet das Arbeiten ihnen den Kopf vor lauter Selbstmord durch Leibesertüchtigung an der Durchdrehbank.

Arbeiter sind keine ausgeprägten Individuen, denen die Solidarität ihrer Klasse fehlt oder abhanden kam, sondern sie sind bis heute nur Masse und Kollektiv oder Gegenkollektiv, denen die unbürgerliche Individualität fehlt. Der Magdeburger Schneidergeselle Wilhelm Weitling unterliegt bis heute dem Bürgersohn Karl Marx, weil er angeblich zu bürgerlich dachte. Solange die bürgerlichen Theorien der Proletarier gegen die proletarischen Theorien der Kleinbürger antreten, ist die soziale Revolution nicht viel mehr als eine kulturelle oder eben Etikettenschwindel.

Wie und was kann der Proletarier von bürgerlicher Kultur lernen, ohne ihr zu erliegen und ohne hinter sie noch zurückzufallen? Ich spreche für das Proletariat, dem ich entstamme, nicht an seiner Stelle als avantgardistischer Stellvertreter. Ich biete meiner Herkunftsklasse die Produkte meiner bürgerlichen Bildung an, um die herrschende Kultur der Herrschenden, von der und für die ich abgerichtet wurde, wenigstens ein Stück weit gegen sie selbst zu kehren. Und natürlich besteht einstweilen die Pointe darin, daß meine potentiellen Leser, falls es sie gibt, Bürgerkinder sind, die das nicht sein wollen, und daß die da unten sich für solche Sonderangebote bedanken, weder Kaufmann zu werden noch Blaumann zu bleiben.

Mein Paradox: Ich kann plebejischer Welterfahrung nur in einer Sprache Recht und Ausdruck geben, die vorerst einzig der letzte bürgerliche Feind des Bürgers versteht, der Intellektuelle, der ich selbst sein will. Ich frage nach der Generalisierbarkeit proletarischer Extrawünsche gegen den bürgerlich partikularen Mißbrauch universalistischer Ansprüche. Und wenn ich Beiträge zu einer proletaristischen Kultur liefern möchte, die es nicht gibt in Deutschland, muß ich wenigstens auf der Höhe bourgeoiser Kultur stehen, um nicht noch so weit hinter ihr zurückzubleiben, wie ich mich über sie hinaus wähne. Nicht gebunden an die Prozeduren und Tabus, die diese vorgefundene Kultur ihren Kunden auferlegt, bin ich so frei, ihre Arsenale für meine eigenen Zwecke ungeniert zu plündern und als bloßen Rohstoff meiner eigenen Absichten zu 'mißbrauchen'. Der Moment war schon ungünstiger: Wir bräuchten nur zuzugreifen. Seit er sie ideologisch zur Interessenmystifikation kaum noch braucht, läßt der Bürger seine eigene Kultur ziemlich links liegen. Weniges haßt er mehr als die Erinnerung an diese Kultur, die er einst gegen den Adel aufklärerisch schuf. Wo er in ihr die Bürde eines bloßen Repressionsinstruments abschüttelt, hinterläßt er mir kampflos das komplette geistige Rüstzeug, das es nur noch gegen den Strich zu bürsten und in veränderte Kontexte zu betten gilt. Der technokratische Sozialingenieur überläßt mir die verwaisten Schätze kostenlos. Der Arbeiter braucht nicht alles, was heute gewußt wird. Er müßte nur alles wissen, was er braucht. Aber was er braucht, um weder Kuli zu bleiben noch Kleinbürger zu werden, ist etwas anderes, als er braucht, um Sklave und Vater oder Mutter von Sklaven zu bleiben.

Weil er für die Selbstbefreiung der Proletarier ist, ist er gegen jede belletristische oder wissenschaftliche "Literatur der Arbeitswelt". Diese wird entweder geschrieben von Leuten, die nicht arbeiten, für Leute, die arbeiten und ihnen damit ihre Irreführungen finanzieren, oder von Leuten, die arbeiten, für Leute, die nicht arbeiten und sich deshalb vom Lehnstuhl aus interessieren für die exotische Welt der Industrieproduktion und für die Kulte und Mythen dieser Halbwilden am Fließband. Die mittelständischen Interessenten verlangen von sich selbst eine progressive Aufgeschlossenheit für Informationen über 'ihre' materielle Basis und milieuecht gruselige Reportagen aus der sozialen Unterwelt. Die einen haben für den Unterhalt zu sorgen, die anderen für die Unterhaltung darüber. So wird das Fließband an- und aufregend gemacht, um auch ins Grübeln verfallene Proleten „nachhaltig" daran gefesselt zu halten.

Die wahre Emanzipation der Arbeitstiere aber ist ihre Emanzipation von der Fabrikarbeitswelt samt deren Literatur. Literatur könnte dabei durchaus helfen – nur eben nicht 'Literatur der Arbeitswelt', die in sie nur noch viel tiefer hineinführt und vom humanisierten Fließband träumt und von *revolutionärer* Aneignung der Maschinenparks. Ausgerechnet Marcel Proust mußte daran erinnern, daß ein Arbeiter sich eher für den Tagesablauf eines Aristokraten interessiert, als Feierabends in Büchern noch einmal nachzulesen, was er tagsüber sowieso tut. Ein Plebejer, der aufgewacht ist, hat weiß Gott Besseres zu tun, als seine Klassenfeinde mit Insider-Infos aus erster Hand zu versorgen und sie noch weiter über seine Schwachstellen aufzuklären oder gar die Fabrik, die seinen Körper und seine Seele kaputtmacht, in *freier Selbst-*

verwaltung zu übernehmen, damit er aus freien Stücken nun sich selbst antun kann, was er vorher mit sich angestellt hat auf Befehl von oben. Der „proletarische Intellektuelle" liest und schreibt sich aus seiner industriellen Arbeitswelt und deren Literatur heraus: Er will diese Welt weder wehleidig verherrlichen, noch sich aufhalten mit ihrer *Verbesserung*. Der Arbeiter sollte nicht 'aussteigen' (wohin könnte er schon aussteigen), sondern 'aufsteigen': Aber in den Überbau und nicht in die Chefetagen. Ein Sozialismus, der nicht mehr wäre als Arbeiterselbstver(ge)walt(ig)ung, fiele um genau so weit noch hinter den Kapitalismus zurück, wie er sich über ihn erhaben fühlen würde.

Der Industrialismus sprengt einen Sozialismus, in dem die Produzenten nicht länger gefesselt sind, sondern sich selbst fesseln. Jedes 'animal rationale', jedes erleuchtete Arbeitstier, weiß das, aber eben nicht aus der 'Literatur der Arbeitswelt' (die den Arbeiter von allem befreien will, nur nicht von der humanisierten Arbeitswelt selbst). Wissenschaft und Literatur sollte dem Plebejer die 'ökonomische Scheiße' nicht noch interessant und schmackhaft machen, sondern den „humanisierten" Arbeitsplatz verleiden, anstatt ihn am Ende damit noch 'progressiv' auszusöhnen. Auch die 'alternative' Maloche ist nur dasselbe in Grün. Spätestens an dieser Stelle wird alle Welt aufschreien: Und wer soll die Knochenarbeit machen? Nun, warum zur Abwechslung nicht mal jene, die der Drecksarbeitswelt von je so fern stehen, daß sie eine eigene Literatur und Wissenschaft von ihr brauchen, um sie aus zweiter Hand kennenzulernen? Sollen sie die Werkbank, für die sie sich geistig interessieren, doch *alternativ* im lebenslänglichen Sozialpraktikum erkunden und dafür die Proleten jeden Morgen in die ohnehin

verwaisten Bibliotheken gehen lassen. Der Plebejer hat Material in dreckigen Händen und ist Material in sau-beren Händen. Der Rohstoff ist so wenig sein wie die Idee, nach der er ihn formt. Er ist nur frei, Dichter und Denker zu werden. Und diese Freiheit sollten die Schmächtigen dieser Welt nutzen, ehe es wieder zu spät ist. Denn was ist die westliche Freiheit? Proletarisch bisher ganz ungenutzte Überbaugenehmigung. Hast du Zeit, sie mit Industriearbeit totzuschlagen? Proletarier aller Länder, kniet euch endlich aus der Materie heraus, die ihr bearbeiten sollt, und (arbeiterbildungs)vereinzelt euch! Und Proletarier aller Länder, einigt euch erst einmal, Arbeitssklaven zu sein. Ihr habt einen unendlichen geistigen Nachholbedarf, und der ist ein einziger Schrei nach enzyklopädischer Allgemeinbildung für die Allgemeinheit, d.h. für jeden Einzelnen dieser Autodidakten, der sich nichts mehr sagen lassen will, weil er nichts zu sagen hat, und der deshalb diese Enzyklopädie selbst schreiben muß, die es für ihn noch nicht zu lesen gibt. Sollen die bürgerlichen Intellektuellen doch aufs Land flüchten, wenn nur der Bauer Überbauarbeiter würde! Der Arbeiter muß genau jener Geistesarbeiter werden, der ihm bislang sagte, was er denken und tun soll(te). Liest und schreibt er über seine Arbeitswelt, macht er nur unbezahlte Überstunden.
Wenige wissen viel, viele wissen wenig.

Der proletarische Intellektuelle will nicht das Ganze des nach dem Naturbeherrschungsstand seiner Zeit Wissbaren beherrschen, sondern das Ganze des nach seinem eigenen Emanzipationsinteresse Wissenswerten daraus. Zum Beispiel wird er vielleicht sich mehr Hilfe dabei erwarten von wohlverstandener Psychoanalyse (um sein eigener Analytiker zu sein) als etwa von Mathematik (welche Menschen nur zählt, um nicht auf sie zählen zu müssen).

Er wird nicht den Sozialismus studieren, weil das per definitionem eine proletarische Philosophie ist, sondern er wird prüfen, ob der historische und dialektische Materialismus von Marx und Engels die Desiderate eines Proletarismus wirklich erfüllt. Wenn er sich vom Bürgersohn Marx über die bürgerliche Gesellschaft, die ihn produziert, dankbar belehren läßt, muß er es sein, der entscheidet, wie weit er Marx folgen will. Nirgends ist ja a priori verzeichnet, was proletarische Priorität haben muß. Was kann dem Arbeitstier, dieser angewandten Physik auf zwei Beinen, das Studium der Physik nützen bei seiner Selbstbefreiung? Soll er nun Biologie und Chemie studieren, wo seine Berufsarbeit ihn ohnehin auf seine biochemische Physiologie reduziert? Was ist an Soziologie mehr als nur Mittelstandsideologie?

Das helle Arbeitstier muß alles wissen – was ihm hilft, keines zu bleiben, ohne deshalb Bürger zu werden. Wissen war einmal Macht; heute ist Wissenschaft an der Macht, nicht mehr Notwehr gegen das Herrschaftswissen. Enzyklopädische Vollständigkeit gewinnt nur noch das Wissen der Herrschenden, wie sie die menschliche Natur ihrer Sklaven dahin bearbeiten, für sie die äußere Natur zu bearbeiten. Das Wissen war revolutionär, solange es Waffe war gegen Irrsinn, Irrtümer und Irreführungen, solange es umfassende Ideologiekritik von unten war. Heute ist die Naturwissenschaft nur noch Naturphilosophie als Instrument menschlicher Naturbeherrschung. Dabei treiben die Produzenten nicht selbst Naturwissenschaft, sie *sind* angewandte Naturwissenschaft. Im Industriebetrieb nimmt der Arbeiter teil am Wissenschaftsbetrieb, indem er dem Wissenschaftler das Gebäude baut und heizt und reinigt und die Meßinstrumente herstellt. Der Proletarier muß aber nicht Polytechniker, sondern Intellektueller werden, weil er weder Natur- noch Geisteswissenschaftler sein kann, sondern nicht viel mehr als deren Forschungsobjekt oder Hilfskraft.

Der Arbeiter ist kein Mitwisser des Wissenschaftlers und dieser kein Mit-Arbeiter. Was ist das Volk, wenn es ein Objekt weder expropriativer noch pädagogischer Bemühungen, weder rechter noch linker Bürger ist? Das menschliche Wissen vor allem über die Natur und die zur *zweiten Natur* gewordenen Naturbeherrschungsprozesse wächst schneller, als die Verleger drucken können. Was muß der Plebejer wissen, was soll er tun, was kann er hoffen? Soll der Facharbeiter sich nun Feierabends zum Fachmann für Polytechnik machen oder Einfachmann bleiben? Statt seine kostbar wenige Zeit und Kraft dafür zu verschwenden, sich an der Natur für andere abzuarbeiten, sollte er lieber für sich ganze Kulturen erarbeiten, ohne Kultursoziologe zu werden. Das *gemeine Volk* braucht weniger Popularisierungen moderner einzelwissenschaftlicher Methoden und Resultate als die Selbstaufklärung über seine hell 'erkenntnisleitenden' Emanzipationsinteressen und auch interessenleitenden Selbsterkenntnisse, die das pure Organisationszentrum seiner notwendigen Autodidaktik sind. Der *plebejische Tui* sollte darauf spezialisiert sein, sich auf nichts zu spezialisieren als auf die Allgemeingültigkeit seiner Sonderinteressen. Solcher Enzyklopädismus steuert ihn durch die Scylla einer 'schlechten Unendlichkeit' (Hegel) von faktenwüstem Undsofortschritt und der Charybdis eines geistigen Zwangssystems. Es ist

ein differenzierter Universalismus, der den „Knoten"
interessiert, sofern er ein Individuum wird durch Her-
ausdifferenzierung aus seinem Kollektiv, ohne seine
Klasse zu verlassen, und sich in sich selbst differenziert zum Mikrokosmos statt zum Sozialatom. Es geht
auch um keine 'proletarische Weltanschauung' : 'Weltanschauung' ist das, was von der Welt gewußt wird,
wenn die Welt gar nicht angeschaut wird. Das 'Welt-
bild' eines 'lesenden Arbeiters' sollte so ziemlich das
Gegenteil eines Arbeitsweltbildes sein (ohne deshalb
die *Umwelt* des Besitz- und Bildungsbürgers zu spie-
geln, den es ohnehin nicht mehr gibt). Als erstes
braucht das Volk hierzuvaterlande Aufklärung nicht
über die Natur, die es täglich bearbeitet, sondern über
sein Naturrecht und was weltgeschichtlich geschehen
ist: Geschichte ist, was immer (die moralische und
naturrechtliche Zensur unbeanstandet) passiert.

Lesende Arbeiter stellen sich nicht die Fragen, die Brecht sie in einem berühmten Gedicht stellen läßt. Solche Fragen stellen sich Bürgerkinder, die
ihre eigene Klasse zu verdächtigen anfangen, und sie
fragen sich zu Recht, was jeder 18-jährige Arbeiter,
ob lesend oder nicht, ihnen spielend beantworten
könnte, wenn er von ihnen gefragt würde. Was dem
Arbeiter fehlt, ist nicht eine Idee von den materiellen
Hintergründen geistiger Fassaden und von den Pro-
duktionsweisen hinter den Denkweisen, sondern umgekehrt eine ganz immaterielle Idee davon, daß nicht
jede Idee Ideologie ist und nicht jede Reflexion ein
bloß bedingter Reflex. Für Marx ist es das gesellschaftliche Sein, welches das Bewußtsein des Menschen zur Einrichtung einer Gesellschaft bestimmt, in
der das Bewußtsein endlich das Sein bestimmt. Meine
materielle Lage bestimmt ja meine vorherrschenden

Gedanken, und die Gedanken der Herrschenden bestimmen meine materielle Lage ebenso wie ihre materielle Ausstattung meine Gedanken. Es ist falsches Bewußtsein, welches heute das soziale Sein dazu bestimmt, das menschliche Bewußtsein zu bestimmen, statt daß unser Bewußtsein sich von unserem Sein bestimmen ließe, nun unser materielles Sein zu bestimmen. Wenigstens muß mein Sein mir bewußt genug werden, um mich selbstbestimmen zu können.

Jede 'Machtergreifung des Volkes' wäre heute wohl nur Energieverschwendung. Der Industriesklave muß erst einmal Theoretiker seiner Befreiung werden. Vielleicht macht er die bürgerliche Kritik der bürgerlichen Gesellschaft sich ja zu eigen, aber er selbst muß es sein, der kompetent genug ist, sie zu prüfen, als hätte er sie gebildet. Im Allgemeinen aber gilt, daß nur die Industrieproduzenten selbst fähig und legitimiert sind, sich eine vernünftige Einrichtung der Produktion auszudenken. Gegen die wunderschönen Modelle bürgerlicher Intelligenz spricht ja nicht, daß sie dumm oder falsch wären oder überhaupt nicht funktionierten; ganz im Gegenteil stünde immer zu befürchten, daß sie nur allzu gut funktionieren. Sie haben stets nur den einen Kunstfehler, der sie allerdings aber auch schon proletarisch unbrauchbar und gefährlich macht (absichtlich oder unfreiwillig) : Die Produzenten sollen diese Theorien und Modelle nicht selber ersinnen, sondern nur noch realisieren. Also läßt der durch viel Schaden kluggewordene Werktätige seine schmutzigen Finger von den schubladenfertigen Alternativkonzepten und sozialutopischen Blaupausen der mittelständischen Avantgarden, die alle sein Bestes wollen, das er aber nicht hergeben möge. Gemessen an ihren Effizienzkriterien, sind die jeweiligen *revolutionären* Szenarios so aufgebaut, daß die eigenen Vorschläge der Proleten sich davor regelmäßig heillos blamieren. Aber schließlich ist proletarische Ökonomie ja nicht ökonomischer als bürgerliche, sondern eben nur proletarischer. Die Arbeiterklasse ist Arbeitermasse, aber jeder Prolet sollte seine eigene Massenvernichtungswaffe in Person sein. *Massenbewegungen?* Ja, Massen werden immer bewegt – wie Frauenbewegungen in die Betriebe hinein.

Der proletarische Intellektuelle lebt *von* der Industriearbeit und nicht *für* die Industriearbeit, indem er *für* Geistesarbeit lebt und nicht *von* geistiger Arbeit. Das unterscheidet ihn vom Intellektuellen bürgerlicher Herkunft, auch von dem, der sich freiwillig in den Dienst der Proletarität stellt, selbst wenn diese frei ist von Proletkult, Pop(ulismus) und Folkloreley.

Was zu sehen ist, ist nur Fassade. Dahinter steckt eine Idee, die nicht zu hören ist und nicht gesehen werden will, nämlich die Idee, wie sich materielle Interessen hinter ideellen Motiven verstecken lassen. Vordergründig soll es um hochedle Dinge gehen, und es braucht Ideen, materielle durch vermeintlich ideelle Motive zu kaschieren, so daß der materielle als geistiger Beweggrund erscheint und der ideelle als materieller zu verleumden ist. Die platonische Idee hinter den materiellen Erscheinungen der Welt ist das materielle Interesse hinter der ideologischen Fassade, also die Idee, wie sich das materielle als ideelles Motiv verkaufen und hinter dem ideellen Motiv wieder entdecken läßt. Das ideelle Motiv besteht darin, die materiellen Interessen der Allgemeinheit zu berücksichtigen und sei es aus egoistischen Motiven.

Böse ist ja nicht die Materie, sondern Menschen an ihre Bearbeitung zu ketten, also sie restlos zu Menschenmaterial zu machen, das *sein* Arbeitsmaterial formt und sonst gar nichts. Gut ist umgekehrt nicht Geist an sich, sondern als begeisterter Aufstand gegen die Kettung des Menschen an Essen, Trinken, Wohnen, Zeugen und Körperpflege. Gut ist nicht Materie, sondern auch Bürger sie bearbeiten zu lassen. Proletarier werden erst dann leibhaftig da sein, wenn sie nicht nur nichts als Leiber sein müssen, die sich an Stoffen erschöpfen, was nicht heißt, daß ihre Klassenfeinde so vergeistigt wären, nur auf der Suche nach ihrem verlorenen Bauch und Unterleib zu sein. Leib und Seele sind vor allem völlig getrennt, weil sie auf verschiedene Klassen verteilt sind. Durch diese Klassentrennung wird Geist zu Ungeist und Körper zu unbeseeltem Stoff. Die Unterschicht ist so etwas wie der Unterleib der sozialen Mitte des Volkskörpers. Ein nicht gutdurchbluteter Kopf ist kopflos; ein enthaupteter Körper kann behaupten, was er will, sich oder Wahrheiten, er ist nicht leibhaftig da, sondern im Bunde mit dem Leibhaftigen. Der Kopf ist der Oberkörper, der Leib das Stammhirn des Menschen. Schlimm ist nicht der Geist, sondern Menschenklassen von ihm auszuschließen und ihn zum Prestige zu machen. Und vom Geist hat sich ausgeschlossen, wer andere von ihm ausschließt, indem er sie auf ihre ach so sinnliche Körperlichkeit reduziert.

Prolet zeugt Prolet und erzeugt Produkte. Er erzeugt mehr als das zu seiner Selbstzeugung als Arbeiter Nötige und sollte mehr zeugen als nur Arbeitstiere. Arbeiter, die mehr zeugen als nur Arbeiter, erzeugen nicht mehr, als zu ihrer Reproduktion als Produzenten nötig ist. Arbeiter, die mehr wert sind als

Arbeitstiere, erzeugen keinen Mehrwert mehr. Sie haben sich ihn dadurch schon wieder angeeignet, daß sie Proletarier zeugen, die mehr wert sind als bloße Mehrwerterzeuger und sich nicht hergeben für solche Art der Hingabe und Verausgabung. Umgekehrt: Wer sich zu gut ist für bloße Gütererzeugung, ist mehr wert als ein erschöpfter Mehrwertschöpfer. Selbsterzeugung durch Arbeit ist Selbvernichtung durch Arbeit. Plebejer können nicht für sich selbst arbeiten, ohne für andere zu arbeiten, die für sich arbeiten, indem sie andere für sich arbeiten lassen, die das mit sich machen lassen. Arbeiter zeugen mit ihren Frauen Arbeiter und mit der Materie Güter. Es ginge um die Selbstreproduktion als *proletarischer Intellektueller* und Privatgelehrter, also um das, was mehr und anders ist als das zur Selbsterhaltung als Produzent Nötige.

Die "kommunikative" gegen die "zweckrational instrumentelle Vernunft" ausspielen heißt, Bürger gegen Arbeiter auszuspielen. Reaktionäre machen heute aus der Not, daß nicht die kapitalistischen, sondern die sozialistischen Produktionsverhältnisse die "Entfesselung der Produktivkräfte" behindern, die "grünalternative" Tugend, daß die ökologische Fesselung nicht nur der ökonomischen, sondern aller menschlichen Kräfte den wahren Fortschritt bringe. Aber was industriell ineffizient ist, ist deshalb noch nicht ökologisch sinnvoll, wie die Ostblockstaaten zeigen. Nach Rosa Luxemburg hat es das von Marx beschriebene Proletariat so gar nicht gegeben, und das real existierende hat er nicht gekannt, sondern z.B. Wilhelm Weitling verdrängt. Marx ging aus der Hegelschen Linken hervor, aber kein deutscher Philosoph geht aus der biblischen Linken hervor. Die Verbrechen, um endlich alle Verbrechen zu beenden, werden von Marx gerechtfertigt im Namen des Volkes und von Gott verurteilt im Namen des Gesetzes. Der biblische Monotheismus des Einen Herrn im Himmel über allen Herren der polytheistischen Welt ist selbst jene Revolutionstheorie, die gewöhnlich gegen ihn aufgeboten wird. Das Buch der Bücher ist selbst die Aufklärung, von der es entmythologisiert zu werden pflegt. Nach Hegel sagt ja der Idealismus den Gebildeten in Gedanken dasselbe, was der Protestantismus dem Volk in Gefühlen sagt, und das wäre für den Monotheismus überhaupt zu entwickeln. Reaktionäre Philosophen halten die sozialistische Frage für erledigt, um auch die soziale Frage abhaken zu dürfen, aber echte Linke halten die sozialistische Frage für beantwortet, um die soziale Frage endlich mal stellen zu dürfen. Was am Marxismus des 19. Jahrhunderts proletaristisch war, kommt aus alten biblischen Schriften, und was daran bürgerliches Erbe war, ist schon jüngste Geschichte. Das Beste an der Bibel war einmal marxistisch gut 'aufgehoben', nun ist das Beste von Marx wieder am besten aufgehoben in der Bibel. Bei aller prätendierten Voraussetzungslosigkeit stellten die griechischen Philosophen die Sklaverei, von der sie lebten, nie infrage. Die gräkophilen deutschen Philosophen fanden es immer skandalös, daß Gottes Grundgesetz die Kriege und Arbeitssklaverei nicht verbot, sondern nur auf ein die ganze Antike allerdings bestürzendes Maß einschränkte. Wenn Deutsche den Krieg abschaffen wollten, wollten sie nur die *ultima ratio* gegen Tyranneien aufheben und nicht sehen, daß die Bibel so realistisch ist, die völlig utopische Aufhebung der Arbeitssklaverei nicht dem Menschen aufzubürden, sondern Gott vorzubehalten. Die technisch-industrielle Revolution ist ja keine historische

Chance der Sklaven, sondern eine historische Episode, die sich so lange nicht selbst überleben wird, wie Arbeitssklaven sich von ihr noch die wahren Selbstbefreiungsmittel erhoffen. Nach biblischem Gesetz aber wird das Gesetz samt Körperwelt, Kriegen und Arbeitssklaverei erst vom Schöpfer selbst aufgehoben.

'Revolution' gegen das göttliche Gesetz, also gegen die vom Produzenten selbst gelieferte Gebrauchsanleitung der Schöpfung, ist keine Aufklärung, sondern reaktionär. Die feudal-griechischen Philosophen lebten von Sklaven und warfen den Sophisten vor, *von* ihrem eigenen Denken zu leben statt *für* das Denken. Von den sophistischen Wanderlehrern unterschieden sie sich nicht durch Verstand, sondern durch Wohlstand und – daß niemand ihre Waren kaufen wollte. Die europäische Philosophie ist der Weg von Adel zu Adel, von den griechischen Sklavenhaltern zu professionellen Denkbeamten, die das Universale an Universitäten verwalten. Die Sophisten, die einzigen griechischen Demokraten, machten das Volk erst demokratiefähig. Sie zeigten ihm nicht nur, wie das schwächere Argument vor Gericht zum stärkeren gemacht wird, sondern auch das Argument des Schwächeren gegen das Argument des Stärkeren verteidigt wird. Aristokrat Plato schlug die Sophistik und meinte die Demokratie; die Sophisten schlugen die Philosophie und meinten den Sklavenfeudalismus. Philosophie heute ist Letztselbstbegründung nicht des menschlichen Denkens, sondern des Denkens von Staatsbeamten, die nur ihre Privilegien und Ressentiments geistig rechtfertigen.

Geschlechterkrieg oder Klassenkampf?

Der Pater-Brown-Erfinder Gilbert K. Chesterton schrieb:
„Das Glück der Ehe kommt nach den Enttäuschungen der Flitterwochen.

Sie bestehen darauf, von Geburtenkontrolle zu sprechen, wenn sie weniger Nachkommenschaft und keine Kontrolle wünschen.

Wenn in Amerika Ehen wegen Unvereinbarkeit der Charaktere geschieden werden, dann verstehe ich nicht, wieso nicht alle Ehen geschieden werden.

Als ob die Liebe frei sein könnte! Es ist ja die Natur der Liebe, sich selbst zu binden.

Man braucht viel Freizeit, um einer Frau überdrüssig zu werden ... Ein Omnibusschaffner hat kaum Zeit, seine Frau zu lieben, geschweige denn anderer Leute Frauen.

Nur ganz schüchterne Männer fürchten Frauen nicht.

Die Frau hat ein festes und wohlbegründetes Gefühl: wenn sie nicht auf gutem Betragen besteht, dann tut es niemand.

Jede Frau ist eine gefangene Königin, aber jede Mehrheit von Frauen ist nur ein ausgebrochener Harem."

Eine proletarische Intellektuelle, die daheim mit ihren Kindern 'verarmt', hat sich nicht nur von der Akkordarbeiterin emanzipiert, die ihren nächsten Urlaub oder PKW dazuverdient.

Eine Frau, die sich selbst, ihre Kinder und ihren Mann dazu bringt, Geschichtsbücher statt nur Geschäftsbücher zu lesen, hat für die fällige soziale Revolution mehr getan als all ihre Schwestern, die die Bibel für ein Managerhandbuch halten und einen Konzern für eine Kultstätte feministischer Bewährung.

Eine Frau, die so liest, daß sie Mann und Kinder zu Lesern macht, hat für die Verbesserung der Welt mehr getan, als wer die ganze Industriegesellschaft sozialisieren will, weil er nicht einmal auch nur seine eigenen Siebensachen in Ordnung halten kann. Das ist ein Mann, der sich von seiner Frau verführen läßt, mehr aus sich zu machen, als es immer nur mit sich machen zu lassen: Ein gemachter Mann, wer sich für industrielle Imperative unbrauchbar macht. Wer sich einem sparstrumpfstopfenden Blaustrumpf hingibt, gibt sich für entseelend geisttötende Knochenarbeit nicht mehr her. Wie sollte ausgerechnet eine Frau, die keinen Mann wählen und so erziehen kann, daß er sie nicht unterdrückt, ein Chef werden können, der niemanden unterdrückt?

Mann und Weib — Ein Leib? Die Frau muß der Mann werden, den sie nicht lieben kann, und kann nur den Mann lieben, der sie nicht werden muß. Aber solche Naturgesetze will niemand mehr wahrhaben, und das rächt sich.

Früher schuftete die fromme Mutter, damit ihr Mann die Bibel studieren konnte. Heute sollte die Frau Schriftgelehrte werden, damit ihr Mann nicht völlig verarbeitsweltlicht. Wenn sie nicht aus Staatsretorten kommen, entstehen die Männer von morgen wie die Männer von heute und von gestern nicht in Büros und Kasernen, sondern in den Kinderstuben daheim werden sie für Büros und Kasernen bestimmt oder eben nicht. Nicht wer draußen gesellschaftlich aktiv ist, sondern wer heute zuhause bei den Kindern bleibt, bestimmt die Welt von morgen, ob er will oder nicht. Er bestimmt dort die Kinder zu Datenverarbeitern oder zu Geistesarbeitern, die Zukunft hat schon begonnen in den Kinderstuben der Gegenwart. Wie Mann und Frau heute gebaut sind, ist es immer noch gut, daß alles Wesentliche schon geschehen ist, bevor die Kinder in die Schule kommen, und daß es durch Frauen geschehen ist. Das Heil der modernen Welt kommt vom Weibe, das ist wahr, aber anders, als der Amazonen-Feminismus moderner Produktionsschlachten es sich träumen läßt.

Ein Schuh wird aus diesen lockeren Bemerkungen auch erst dann, wenn nach Klassen differenziert wird. Eine Arbeiterin, die daheim sich selbst und ihren Mann vom Fließband emanzipiert, statt sich am Fließband von ihrer Familie zu befreien, führt genau dadurch ihren eigenen Klassenkampf gegen ihre mittelständische Vorgesetzte, die sich in Chefetagen und betrieblichem Interessenklüngel selbstverwirklicht. Was heute als links gilt, ist in Wirklichkeit rechts, und was für konservativ gehalten wird, versteckt das wahrhaft Progressive in sich, wenn es nur gegen den Strich gelesen wird.

„Was ist Zivilisation? Ich antworte: die Macht guter Frauen." (Ralph Waldo Emerson) „Liebe ist ein Raub der Natur an der Gesellschaft." (Rivarol)
„Liebe ist die Poesie der Sinne." (Honoré de Balzac)

Welche Rolle hat die gute Hälfte noch nicht gespielt? Die Frau hat seit Beginn aller Überlieferung so ziemlich alles versucht, vom Heimchen bis zum Vamp und beides zugleich, vom Muttchen zur Megäre und zurück, vom Aschenputtel zur Venus, von der Haremsfrau bis zur Trümmerfrau, von Lysistrata bis zur Heiligen Johanna, von St. Theresa bis Alice Schwarzer, von Lolita bis Medea und von der Fließbandarbeiterin bis zum kuchenfressenden Pelztier. Nur eines hat sie, und das ist sehr seltsam, so gut wie nie ernsthaft in Angriff genommen: eine Familie zu gründen. Eine Familie zu gründen, aber nicht, um in den eigenen vier Wänden nun zu verfaulen, sondern um in diesen vier Wänden die Antiwelt zur Geschäftswelt zu verteidigen, ja, von diesen vier Wänden aus diese männliche Arbeitswelt aus den Angeln zu heben. Wenn die moderne Kleinbürgerin heiratet, plant sie die Zeit nach der Scheidung, bevor sie die Zeit nach der Hochzeit plant. Einen Beruf lernt sie nicht etwa deshalb, um nach der Scheidung ihr eigenes Geld verdienen zu können, sondern um vor der Scheidung nicht daheim bleiben zu müssen. Das eigene Heim ist ihr kein Versteck vor Fließband und Büro, sondern Büro und Fließband sind für sie die Rettung vor häuslicher Langeweile und Misere.

Vor Fließband und Büro flüchten diese modernen Frauen in die eigenen vier Wände nur, um vor dem eigenen Heim zurück zu Büro und Fließband zu flüchten. Sie kapieren so vieles, nur eines will nicht in ihren kopflosen Kopf: Wer die Industrie vermenschlichen will, wird selbst industrialisiert. Sie tun so, als wäre es leichter für eine Frau, die das bleiben möchte, die Industriegesellschaft zu ändern als ihren Mann. Sie tun so, als müßte eine Frau, die daheim bleibt, um ihre Kinder aufzuziehen, auf die Möglichkeit verzichten, die ganze Gesellschaft da draußen von diesem Heim aus bis in ihren Grundfesten zu erschüttern. Das Gegenteil ist wahr : Auch vom häuslichen Herd aus läßt sich die Welt aus den Angeln heben, und nur von dort aus läßt sie sich aus den Angeln heben. Wenn es wahr ist, daß die Welt eine Männerwelt ist, dann läßt sich vom Wohnzimmersessel aus diese Welt ungleich leichter ändern als von einem Bürodrehstuhl aus. Das Familienband ist nämlich leichter zu humanisieren als das Fließband, und über den Betrieb kann der Mann die Frau leichter ausbeuten als über den Bett-Trieb. Von Kindern, die sie zeugt, kann eine Frau nie so tief versklavt werden wie von Traktoren, die sie erzeugt.

Es heißt, die Frau sei durch ihren Mann gezwungen, daheim ihre Kinder mit der Zeit zu Kindern ihrer Zeit abzurichten, also zu Industriellen oder zu Industriearbeitern. Aber der Mann ist auf der Arbeit und im Geschäft, die Frauen haben es immer verstanden, die Kinder vor den Vätern zu schützen. Die Zukunft der Welt liegt in der häuslichen Allmacht der Mutter über ihre Kinder.

Als Pädagogin führt eine Mittelständlerin Kinder fremder Eltern ins ABC ein, als Mutter eigene Kinder in die Welt, und wer beides zugleich will, schafft leicht weder das eine noch das andere. Eine Frau, die die Königin ihrer Familie ist, ist nicht die Sklavin eines Unternehmens, dessen Chefin sie ist. Aber die Frau von heute, dieses 'verrückte Geschlecht', erarbeitet lieber das Einmaleins mit fremden Kindern als ganze Kulturen mit ihren eigenen Kindern. Lieber erzieht sie fremde Kinder nach fremden als eigene Kinder nach eigenen Richtlinien.

Mindestens 98 % aller Frauen dieser Welt haben völlig andere Probleme, als der bürgerliche Feminismus der Hochindustrie-Nationen ihnen aufschwatzen will. Sie fragen sich weniger, wie sie weniger Kinder bekommen, als wie sie mehr Kinder bekommen, und sie wollen mehr Geld, aber nicht dafür, daß sie für mehr Konsum auf mehr Kinder verzichten, sondern um für mehr Kinder mehr Nahrung kaufen zu können. Ärzte brauchen sie nicht für ungefährlichere Abtreibungen, sondern für ungefährlichere Entbindungen. Und sie fragen sich nicht, wie sie ihre Kinder kriegen ohne irgendwelche Männer, sondern mit eigenen Männern.

Die Höheren Töchter ihrer puritanischen Mütter leben mit ihrem frauenfeindlichen Feminismus in der internationalen Abseitsfalle, ohne das zu bemerken oder wahrhaben zu wollen oder als Minderheit enthüllt zu werden. Kurzum : Dieser Mittelstands-Feminismus ist malthusianistische Bevölkerungspolitik. Der Bürger attackiert die 'familiäre Sozialisation' und erzieht seine eigenen Kinder weiter im Schoß der eigenen Kleinfamilie. Er attackiert Vater Staat und steckt die Arbeiterkinder, um sie durch gezielte Verwahrlosung zu bloßen Arbeitstieren abzurichten, in die Kasernen von Mutter Sozialstaat, in Krippen, Heime und Horte, wo die Kinderaufzucht wie Massentierhaltung betrieben wird. Der bürgerliche Kleinstfamilienvater träumt von eigenen Großfamilien und will die Großfamilien der Dritten Welt am liebsten durch Familienplanung ausrotten, weil sie seinen relativen Wohlstand bedrohen.

Die 'unterentwickelten Länder' sollen sich entwickeln — ganz wie wir wollen. Die Dritte Welt ist durch den Dritten Weg des Dritten Standes aus Konzept und Konzeption zu bringen. Die Ewiggestrigen gehen heute nicht gewissenhafter, sondern wissenschaftlicher vor. Pillen fuhren die Kinder der Armen hinters Licht der Welt, das sie nicht erblicken sollen, wenn sie mehr kosten als einbringen und nicht als Sklaven von uns gebraucht werden. Daß heute auch schon die Ärmsten der Armen nicht mehr Kinder zeugen, ist kindisch und nur ein geistiges Armutszeugnis.
Solange Kinderreichtum noch proletarische Überzeugungskraft gegen die Bürger hat, sind orientalische Großfamilien die Altmeister linker Junggesellschaft. Um nur zu veröden und zu verblöden, ist es unwichtig, ob Frauen zuhause bei ihren Kindern oder berufstätig

bleiben. Wenn sie aber schon unbedingt versauern und verfaulen müssen, tun sie es natürlich besser unter Kollegen im Betrieb als daheim unter ihren Kindern. Aber was muß das für ein Familienband sein, das eine stärkere Fessel ist als das Fließband? Oder ist die Losung von der verderblichen Wirkung der Hausfraulichkeit nicht doch nur Propagandalüge von Industrie-Anwerbern? Männer sollten keinen Grund haben, auf andere Männer eifersüchtig, sondern auf ihre eigenen Frauen neidisch zu werden. Und neidisch sollten sie nicht werden auf deren Gebärfähigkeit, sondern auf deren Kreativität, also nicht auf größere Natürlichkeit, sondern auf höhere Kultur. Das ist keine Ausbildung für die Arbeitsfront, sondern Bildung einer Front gegen den männlichen Arbeitsfrieden.

Weibliche Unwissenheit sollte ein schlechtes Gewissen, also *Sitte und Anstand* etwas mehr Sinn und Verstand bekommen. Der Arbeiter, um eine proletarische Theorie der proletarischen Revolution selber zu entwickeln, müßte genau jener Geistesarbeiter werden, der ihm bisher sagte, was er in seinem eigenen wohlverstandenen Interesse tun und denken solle. Proletarischer Feminismus unterscheidet sich von bürgerlicher Frauenbewegung erst einmal dadurch, daß die Frau des Industrie-Arbeiters, bevor sie Industrie-Arbeiterin wird, daheim ihr Recht und ihre Chance nutzt, zusammen mit ihren Kindern sich zu einer Geistesarbeiterin selbst zu bilden und dadurch ein immer attraktiveres Vorbild zu werden für die fernsehblinden Kinder und für ihren Mann, den nur qualifizierten Einfacharbeiter im Betrieb. Feminismus tut not, nicht weil das andere Geschlecht aus den vier eigenen Wänden bisher zu viel gemacht hätte, nämlich ein Gefängnis, sondern weil es sich daraus bisher viel zu wenig gemacht hat, nämlich keine Akademie. Was mich interessiert, ist ein Feminismus für die unterdrückten Frauen, nicht für die Frauen der Unterdrücker, und eine solche Frauenbewegung wird nicht die Industrie-Arbeit, sondern die Hausarbeit verändern. Autonomie beginnt bei Autodidaktik. Die Proletarierin, die aufgewacht ist, will nicht helfen, die Industrie-Arbeit zu rationalisieren, um die Produktivität der Wirtschaft zu erhöhen, sondern rationalisiert die Hausarbeit, um ihre eigene Schöpferkraft zu erhöhen. Und diese Produktivität wäre eine Kreativität, die diesen Namen wirklich zum ersten Mal verdienen würde, ohne den Maschinen durch Kunstgewerbekitsch nur teure Konkurrenz machen zu wollen.

Die eigenen vier Wände sind keine Schutzwälle vor der großen weiten Welt, sondern vor der engen kleinen Industriewelt. Ich versteige mich nicht zu der Behauptung, daß diese eigenen vier Wände der Frau heute die strahlende Gegenwelt zur Geschäftswelt der Männer umfassen. Ich behaupte nur, daß ein wahrer Feminismus dazu verlocken sollte, aus der sucht- und selbstmordgefährdeten Gefängnis-, Kloster- und Gummizelle der eigenen vier Wände eine private Akademie zu machen und eine wirkliche Volkshochschule und Universität. Soll der Mann eines schönen Tages die pathologische Lust verlieren, für seine Herren die Erde um und dumm zu wühlen, dann nur durch solch ein neues „Paradigma" nicht im Fernseher, sondern inmitten seines eigenen Wohnzimmers.

Wenn der Feminismus nur eine Revolte der Kleinbürgerin gegen den Kleinbürger ist, wird das Kleinbürgertum wissen, was es tut. Wenn der Feminismus aber ein Versuch des Mittelstands ist, zwischen Arbeiterin und Arbeiter einen gröberen Keil zu treiben als zwischen Bürgertum und Proletariat, dann ist er reaktionärer Unfug.

Mittelständische Feministinnen nehmen heute die proletarischen Prostituierten in Schutz vor einer angeblichen Macho-Kumpanei von Unternehmern und Unternommenen. Die modernen *Frauenhäuser* sind die wahren Freudenhäuser, vor denen sie Frauen bewahren wollen.

Es ist schrecklich, wenn ein betrunkener Arbeiter seine Frau schlägt, weil er mit seinem Chef geschlagen ist, aber weitaus schlimmer ist es, wenn eine subventionierte Kleinbürger-Initiative Klassenkampf führt, indem sie sich zwischen Arbeiter und Arbeiterin stellt.

'Sozialarbeiter' sind Versuche, die Arbeiter staatlich zu sozialisieren. Sie bearbeiten keine Rohstoffe, sondern machen Arbeiter zu ihrem Rohstoff. Wenn eine Höhere Tochter ihre 'Schwester' aus dem Volke benutzt, den blöden He-Männern ihrer eigenen Klasse eins auszuwischen, ist das *gemeine Volk* nur philanthropisch angesprochen und zugleich für finstere Zwecke in Anspruch genommen.

Der Feminismus widerspricht sich ständig: Einerseits sei das Ewig-Weibliche schlecht genug, bloßes Werk der bösen Macher zu sein, und andererseits gut genug, die Welt von den bösen Mackern zu erlösen.

Tertium comman-datur.

Die Frauenbewegten sollten sich langsam entscheiden, ob die typisch weibliche Irrationalität und Spontaneität, Naturverbundenheit, Unmittelbarkeit und Emotionalität nun bloß ein männliches Zuchtprodukt oder das schöne utopische Gegenbild der bösen Männerwelt ist. Wer die Männersache bekämpft, kann auf keine Weiblichkeit zurückgreifen, die gerade Männer-Ursachen hat. Und wer die Interessen der Industrie zu seinen eigenen macht, indem er sie dafür hält, sollte sich nicht freuen, wenn die Industrie seine Wünsche zu ihren Wünschen macht.

Der Feminismus ist so pervers, das konjunkturbedingte Desinteresse der Industrie an weiblicher Arbeitskraft als Sexismus zu beklagen, weil er glaubt, daß die Frau mehr von der Industrie profitiert als die Industrie von der Frau. Solange die deutsche Industrie mehr als der deutsche Mann hinter der weiblichen Potenz her ist, schlagen die Frauen den Sack und meinen den Esel. Oder will Eva die Industriewelt erobern, weil kein Adam mehr Eva erobern will? Greift sie ihn an, weil er sie nicht anders umwirbt als die Industrie eine fehlende Arbeitskraft?

Vielleicht ist SIE so geworden, wie ER SIE wollte, aber das wäre unmöglich, wenn ER nicht geworden wäre, wie SIE IHN wollte. SIE findet IHN heute nicht liebenswert genug, und man muß nicht einmal eine Frau sein, um zu erkennen, daß ER tatsächlich nicht sehr liebenswürdig ist. Aber man darf raten, ob sie ihn haßt, weil er sie nur begehrt oder weil er sie nicht mehr begehrt — als einen beliebig anderen Goodie.

Verhält sich der Arbeiter zur Arbeiterin wie der Bürger zur Bürgerin oder der Bürger zum Arbeiter wie die Bürgerin zur Arbeiterin? Verhält sich der Mann zur Frau wie der Herr zum Knecht, oder stehen Sklave und Sklavin vor Herr und Herrin, und wer gewinnt diesen Kampf zwischen Klassenkampf und Geschlechterkrieg?

Ist der Geschlechterkrieg die jüngste Maske der Klassenfeindschaft, die mit dem Sozialismus ja nicht untergegangen ist, oder der Klassenkampf nur die jüngste Larve des Geschlechterkrieges? Der Geschlechterkrieg tobt heute so wenig auf einem bloßen Nebenschauplatz des den Sozialismus überlebenden Klassenkampfes, daß umgekehrt mit dem revolutionären Zusammenbruch der linksgetarnten Ostblockdiktaturen der Klassenkampf nicht einmal mehr auf einem Nebenschauplatz des bürgerlichen Geschlechterkriegs zu toben droht. Was tut die Hausfrau, die sich mit ihrer Putzfrau gegen die Männerbündelei von Chef und Chauffeur verbündet? Sie setzt die Sozialpartnerschaft der Männer voraus und ihnen eine Natur-Busenfreundschaft mit ihrer Friseuse und Schneiderin entgegen. Sie erklärt den Klassenkampf zu einem bloßen Nebenschauplatz des uralten Geschlechterkrieges, von dem er angeblich nur ablenken soll, und will zwischen den Proleten und seine Ehefrau denselben Keil treiben, der zwischen ihr und ihrem Gemahl zur permanenten Keilerei führt. Kurz: Der bürgerliche Feminismus ist proletarische Wehrkraftzersetzung und ideologischer Fraktionskampf im Bürgerkrieg.

Verzichtet Madame darauf, die Manneskraft im Bett zu schwächen, um Arbeitskraft und Klassenkampfkraft ihres Mannes im Beruf zu schwächen, dann sei sie als Revolutionärin willkommen. Aber wenn der Bürgersfrau nicht nur leichter wird, sobald sie ihrem Mann das Leben und Unterdrücken schwer macht, sondern auch und vor allem, wenn sie es ihrer Zugehfrau erleichtert, daß die ihrem Mann sein Hundeleben noch schwerer macht, dann sei sie verflucht.

Ein Proletarier, der den Druck von oben an Frau und Kinder weitergibt, ist samt seiner Familie verloren. Ich weiß nicht, ob die Mittelständlerin heute das Opfer ihres mittelständischen Gatten ist wie sein Arbeiter, aber ich bin gewiß, daß die Arbeitermutti bis heute die Herrin im Hause des Arbeiters ist, wie sein Chef sein Herr außerhalb seines Hauses ist, das er nicht hat.

Der Arbeiter vergewaltigt nicht seine Ehefrau, sondern sie verwaltet Kasse und Behördenkram und hat Schlüsselgewalt und Allmacht über die Kinder. Er geht anschaffen, sie macht die Anschaffungen und kleidet ihren Mann wie ihre Jungen. Der Arbeiter war immer eher das größte Kind seiner Frau und seines Chefs als der Big Boss seiner Frau und seiner Kinder.

Aus dem Haus ging Ibsens Nora nicht, weil sie nicht mehr als eine bloße Ehefrau sein durfte, sondern weil sie nicht weniger als eine Ehefrau sein durfte, nämlich keine Kindfrau in einem wunderschönen 'Puppenheim'. Die Arbeiterin war nie eine Kindfrau im Puppenheim wie Ibsens bürgerliche Nora. Sie war Herrin im Hause, weil sie im Hause blieb, und wurde Sklavin, sobald sie den Industriebetrieb betrat. Eine bürgerliche Feministin, die den großen Unterschied zwischen sich und ihrer Aufwartefrau für kleiner hält als den kleinen Unterschied zwischen Bürger und Bürgerin, hebt das proletarische Widerstandsnest aus, ob sie das will oder nicht, und das wird ihrem mittelständischen Mann besser gefallen, als er offen zugeben darf.
Will man uns sagen, die Proletarierin solle von ihrem Mann unabhängiger werden, indem sie eine Vorgesetzte statt einen Vorgesetzten bekommt? Die Frau soll mehr Natur in mehr Beruf wollen statt mehr Kultur in mehr Heim? Warum versteht sie nicht, daß wohl Hausarbeit und Kultivierung zusammengehen, aber nicht Industrie und Natürlichkeit? Die 'männliche' Industriewelt wird heute nicht aufrechterhalten von einer Handvoll böser Führer, an deren Stelle sich nur Frauen setzen müßten,

um sie menschlicher zu machen, sondern in Gang gehalten wird sie vom Heer der Industrie-Sklaven selbst, von begeisterten Opferlämmern, die sich nichts Besseres vorstellen können und wollen, als immer besser entlohnt zu werden für immer mehr Mühe, sich zu immer besseren Arbeitstieren abzurichten. Diese Betriebskulis drängen sich an die Werkbank, um mehr Geld auf die Bank bringen zu können, und sie wollen ihre Durchdrehbank keineswegs in die Luft sprengen samt der Rentnerbank nach dem Arbeitsleben. Sie wollen nicht zu würdigen Ebenbildern des HErrn gebildet sein, sondern lieber gut ausgebildet zu fragwürdigen Abbildern ihrer Herren.

Sie wollen mehr leisten dürfen, um sich mehr leisten zu können, statt weniger zu leisten für andere, um sich selber weniger leisten zu müssen.

Und die Bürgerinnen wollen jetzt den Bürgern zeigen, daß sie es im Betrieb und im Bett-Trieb besser können, als ließe sich die Arbeitswelt verbessern, ohne die Arbeit für andere schlechter zu machen als die Arbeit für sich selbst. Das Ungerechte besteht ja weniger darin, daß der Proletarier nur für andere arbeitet, als daß er für andere arbeitet, die nicht auch für ihn arbeiten. 'Arbeitsteilung' ist auch nach Ende des Sozialismus noch ein ideologischer Fachausdruck für unaufgehobene Teilung der Gesellschaft in Arbeit und Kapital.

Wenn sie nicht will, daß er es noch länger mit ihr machen kann, muß sie ihn dazu bringen, daß er es nicht länger mit sich machen läßt und daß er sich endlich etwas daraus macht, es dauernd mit sich machen zu lassen, statt daß sie es im Betrieb nun ebenso gut mit sich machen läßt wie er. „Sex im Büro" ist nur das Vexierbild dieses Dilemmas.

Wenn sie ihm nicht vormacht, wie sich in Büchereien Kulturen erarbeiten lassen, wird er nie den Appetit darauf verlieren, die Natur in Fabriken zu bearbeiten, und endlich einmal bedient sein, statt seine Herren zu bedienen, indem er deren Maschinen bedient. Er wartet Maschinen und dabei auf seine Rente.

Die Frau steht nicht auf eigenen Füßen, indem sie am Fließband steht, sondern sie steht für das „Ganz Andere", solange sie daheim nicht nur versauert. Um nicht in der Küche zu vertrotteln, vertrottelt sie lieber im Büro, statt zu Hause das zu tun, was ihr Mann außer Haus nicht tun kann und nicht zu wollen gelernt hat. Eva soll Adam ja nicht eifersüchtig machen auf andere Männer, sondern neidisch machen auf ihr Leben, zu dem er nicht kommt und nicht kommen will. Wenn die Bibel von ihr verlangt, ihm zu folgen, wohin er auch geht, dann muß nicht gemeint sein, daß sie so verrückt sein soll, am Fließband mit ihm vereint zu sein und mißgünstig auf sein Hundeleben zu schielen.

Wenn sie sagt, was sie nicht will, hat sie immer recht gegen das, was er sagt, aber was Eva heute wirklich will, ist ebenso falsch wie das, was Adam will.

Die moderne Frau sucht einen Weg, die Industriewelt zu verbessern, und will nicht sehen, daß sie längst etwas Besseres als das Arbeitsleben gefunden hat, nämlich das Familienleben. Hinter der Industriegesellschaft der Produzenten lauert ja nur die Dienstleistungsgesellschaft der Diener und die Desinformationsgesellschaft der digitalautistischen Tele-Kommunikanten von heute und von morgen.

Niemand verbessert die Arbeitswelt, indem er besser arbeitet. Ich ändere etwas nur, indem ich etwas Anderes mache und für mich selbst arbeite statt für andere, die nicht für mich arbeiten. Für Frauen gilt, was für Arbeiter überhaupt gilt und für Proletarierinnen ganz besonders.

Lysistrata verbessert ihre Lage kaum, wenn sie den Mann aus ihrem Lager wirft. Sie muß ihrem Mann nicht vormachen, daß sie zufrieden und befriedigt ist, sondern wie man es macht, im Leben ein Mitmensch zu sein statt im Arbeitsleben ein Miet-Mensch, der alles mit sich machen läßt, was er nicht selber aus sich macht. Vom Feminismus unterscheidet meine Philosophie sich nicht dadurch, daß ich die Frauen schon für so frei halte, wie sie sich erst machen wollen, sondern dadurch, daß sie für Freiheit halten, worin ich das genaue Gegenteil sehe. Durch das, was heute Feminismus heißt, werden Frauen nicht nur unfreier als vorher, sondern auch unfreier noch als ihre Männer, ohne ihnen dann noch helfen zu können, sich zu befreien, um sich von ihnen bei der Selbstbefreiung helfen lassen zu können. Aber das Schlimmste ist, sie befreien sich von den Männern für die Industrie und nicht mehr vom Fließband für das Familienband.

Blaubart oder Eisenhans? Zu viele Traummänner heutiger Frauen sind bloße Hampelmänner, die in Feministinnen ihre Alptraumfrauen sehen, und wer in der Feministin seine Traumfrau sieht, wird von ihr zum Traummann ernannt. Den Frechen Frauen heute ist nicht der Vorwurf zu machen, von frechen Männern zu viel zu verlangen (falls sie die Männer überhaupt noch auch nur einer Forderung für würdig halten), sondern zu wenig. Gegenüber dem, was die 'neue frau' sich und anderen an freiwillig irrationalistischer Selbstverblödung abverlangt, behält sogar noch der bornierteste Macho-Technokratismus einiges Recht.

Eva entblödet sich nicht, von Adam mehr Bauch zu erwarten, obwohl er seine legendäre Verkopfung, falls es sie denn jemals gab, ja doch nie zu mehr als zu mehr Bauchspeck benutzt hatte.

Er soll mehr Kinder- und Hausarbeit übernehmen, damit sie mehr Zeit für sich selber hat, und mehr Zeit für sich will sie, damit sie mehr Freizeit für Industrie-Arbeit hat. Kurz: Sie will nicht länger abhängig sein von ihrem Gatten, der von seinem Chef abhängig ist, sondern sie treibt ihre Befreiung zu dem schwindelerregenden Punkt voran, wo sie von ihrem eigenen Chef abhängig ist und nicht von dem Chef anderer Leute. Das höchste Ziel der Befreiung wird die freie Wahl des gleichbezahlten Arbeitsplatzes an der Sonne statt am Atomreaktor.

Sie will weder ihn freien, noch von ihm gefreit sein, sondern von ihm frei sein, und unter einem eigenen Leben versteht sie, sich die eigene Chefin aussuchen oder selbst Chefin ihrer Kerle sein zu dürfen.

Sie will unter einem eigenen Chef arbeiten, nicht unter dem Chef ihres Mannes, falls sie schon nicht selber Chefin seiner Arbeiter sein kann. Die selbständige Bürgerin will nicht arbeiten und nicht Arbeiterin werden, sondern erst Vorarbeiterin und dann Chefin des Unternehmens sein. Der große Unterschied zwischen Arbeiterin und Bürgerin besteht eben darin, daß die eine leitende Angestellte sein will und die andere nicht einmal leidende Angestellte sein darf. Unter ihrem Mann leiden heißt für sie, keine Arbeiter und Arbeiterinnen unter sich leiden zu haben wie er.

Er wird nie ein anderer, wenn er nicht ihr zuliebe etwas anderes werden darf als der ausgesuchte Liebling seiner Führungskräfte.

Sobald sie keine tolle Irrationalistin mehr sein will, kann sie ganz rational erkennen, daß sie ihm nicht vorwerfen kann, Herr der Welt zu sein, sondern ein rationell arbeitender Sklave einer durchrationalisierten Arbeitswelt. Otto Normalverbraucher ist ja nicht deshalb heute alles andere als ein Mann, weil er nur Arbeitnehmer ist und kein Arbeitgeber, sondern weil er als Arbeitnehmer alles andere als ein Widerstandskämpfer ist.

Die Frauen sollten sich klar werden, ob sie den Männern vorwerfen, keine Herren der Welt zu sein oder keine Dissidenten der Weltherrschaften. Verachten sie in ihren Männern die Herrenmenschen oder die Sklavennaturen? Die meisten Feministinnen nähren den Verdacht, die Männer hierzuvaterlande weniger zu verachten, weil sie zwei Weltkriege angezettelt als zwei Weltkriege verloren haben und noch dazu das kompensierende Wirtschaftswunder danach nicht haben halten können, während sie vorgeben, lieber liebe Memmen als böse Machos sein zu wollen. Es ist besser, keine Bücher zu lesen, als die falschen auch noch falsch zu lesen, aber der deutsche Mann liest nicht deshalb nicht, sondern weil er jedes Buch im Grunde für etwas Grundfalsches hält. Der Mann wird durch jede Betriebsrationalisierung noch mehr zum Arbeitstier, während die Frau durch Rationalisierung der Hausarbeit leicht aufhören könnte, nichts als ein Hausarbeitstier zu sein.

Die Hexen des Mittelalters, zu denen Frauen heute noch vor dem mittleren Alter wieder werden wollen, waren ja keine Engel, sondern Engelmacherinnen, die den Teufel im Leibe nur hatten, weil sie anderen Frauen halfen, keine Kinder im Leibe zu haben. Es waren Frauen, die keinen Coitus interruptus wollten, sondern eine conceptio interrupta und eine contraceptio immaculata.

Die Frauen sagen immer wieder, und wir haben wenig Grund, ihnen nicht zu glauben, daß sie sich Kinder wünschen, aber nicht von diesen Männern. Wir würden ihnen noch mehr glauben, fügten sie hinzu, daß sie nicht kinderlos bleiben wollen, solange ihre Männer gar zu männlich sind, sondern solange sie *keine* Männer sind. Frauen wollen gute Jungen von Männern und nicht von dummen Jungen, sie wollen schöne Mädchen von Männern und nicht von Memmen. Die Alternative zur falschen Alternative zwischen Softy und Womanager heute hieß früher einmal ein 'ganzer Mann' und noch früher ein 'Patriarch'. Um Männer zu werden und sich nicht zu ver(w)irren, fehlen Männern ganz einfach Frauen, d.h. Wesen, denen Männer fehlen, um sich nicht zu ver(w)irren, und weder Super- noch Hampelmänner, weder Einfachmänner noch Riesenbabys. Eine Frau, die von keinem Mann verführt wird, läßt sich von Herren anführen. Ein Mann, der sich von keiner Frau leiten läßt, wird von seinem Chef gelenkt. Aber um Frauen zu werden, statt Höhere Töchter zu bleiben oder Hexenwittibs, fehlen den *popular girls* ganz einfach ganze Männer, denen Frauen fehlen und keine Womanager und Blitzmädel, Bundeskanzlerinnen oder Päpstinnen, Naturbürschinnen und Abgöttinnen, Rumtreiberinnen oder Abtreiberinnen. Ein wirklich starker Mann ist ein linker Mensch, der den Schwachen gegen die Mächtigen hilft. Ein schwacher Mann ist kein richtiger, sondern ein rechter Mann, der den Mächtigen mächtiger und den Schwachen schwächer macht. Weder hat eines von beiden Geschlechtern Recht, noch haben heute beide Recht. Unrecht haben beide nicht nur, sofern sie sich wie früher als Mami und Papi gegenüberstehen, sondern sich heute als *Mapi und Pami* in die Wolle kriegen. Vater, Mutter und Kind wurden zu *Mapa, Pama und n-ich-ts*.

Vergewaltigt der Arbeiter zu Hause seine Frau ebenso triebhaft wie Mutter Natur im Betrieb? Oder läßt er seine innere Natur vergewaltigen, die äußere Natur zu schänden? Der Arbeiter hat sich die Atomindustrie nicht ausgedacht, unter der Bürger(innen) heute stöhnen. Was der Bürger seiner Frau antut, wie sie klagt, hat die Bürgerin, ohne das wahrhaben zu wollen, seit Beginn des Industrie-Zeitalters dem Arbeiter immer mitangetan.

Die Proletarierin hat allen Grund, dem Koalitionsangebot der Bürgerin nicht weniger heftig zu mißtrauen, als wie ihr klassenbewußt gebliebener Mann die Sozialpartnerschaft mit dem Bürger immer dankend ausgeschlagen hat. Ob für eine Kleinbürgerin der Chefsessel ihres Mannes eine Befreiung von ihrem öden Wohnzimmersessel ist, weiß ich nicht, aber ich weiß, daß für den Proletarier das Fließband die Auflösung seines Familienbandes ist und daß die Entfesselung der Industrie-Produktivkräfte seine Kreativität fesselt.

Die Industrie ist ziviler Militarismus mit einer Reservearmee von Arbeitslosen. Sie verlangt dieselbe eiserne Disziplin, die stabsmäßige Uniformität, die funktionale Schlagkraft, maschinelle Zuverlässigkeit wie Marine, Heer und Luftwaffe. Jeder Generaldirektor einer Firma ist ein wirklicher General seiner Mann- und Frauschaft. Will Eva sich emanzipieren durch aktiven Wehrdienst an der Waffe, wie sie den Nähr- und Lehrdienst ohne die Waffen einer Frau ja schon angetreten hat?

Ein Arbeiter und eine Arbeiterin müssen ein Herz und eine Seele und Ein Fleisch sein, um mit der Arbeitswelt uneins werden zu können, und sie müssen sich mit Big Brother entzweien, um miteinander einig zu werden. *„Frauenbewegung"*? Ja, Frauen werden unentwegt in Bewegung gesetzt. „Arbeiterbewegungen"? Ja, Arbeiter werden unentwegt mobilisiert. Die Arbeit im Haus und

Betrieb wird ergänzt durch närrische Betriebsamkeit, die sich 'gesellschaftliche Aktivität' oder 'Engagement' schimpft und meist nur blindes Mitmachen beim allgemeinen Nichtmitmachen ist, ein wirrwahres Herumpusseln und Mitmischen, um der Öde, Einsamkeit und Überflüssigkeit zu entgehen. Frauen suchen zunehmend die Gesellschaft von ihresgleichen, nicht um eigene Interessen zu entwickeln, sondern sie entwickeln Interessen, um brutwarme Gemeinschaft um ihrer selbst willen zu finden. — Georg Groddeck vermutete, daß Ibsens Nora niemals ernstlich auf eigene Füße wollte.

Seit das verlassene Heim keine Widerstandsnestwärme mehr bietet, will Nora sich beweisen, daß sie auch ohne Männer kann, und beweist doch nur, daß sie mit Männern nicht kann (ob die nun können oder nicht). Ohne Männer und allein sein heißt für die Neue Nora, mit ihresgleichen in Cliquen all-eins zu sein.

Natürlich ist es interessanter, im Geschäft Männer unter sich zu haben als im Hause einen Mann über sich, der außer Haus Männer und Frauen unter sich hat. Der Wunsch, davon nicht ausgeschlossen zu sein, mag verständlich und zeitgemäß und selbstverwirklichend sein und alles, was man will, nur den schönen Namen Emanzipation sollte man ihm nicht geben, wenn Wert darauf gelegt wird, daß der Ausdruck noch einen konsistenten und konkreten Sinn behält.

Das Auffälligste an der derzeitigen Geschlechterfront ist nicht, daß Frauen noch nicht alle Freiheiten haben, sondern daß sie so wenig damit anzufangen wissen. Wenn sie die Freiheiten nicht dazu benutzen, Herrinnen über Leben und Tod zu spielen, benutzen sie ihre Freiheiten nur dazu, diese zu leugnen. Haben sie eine neue 'Männerfreiheit' erobert, machen sie gar keinen Gebrauch davon statt einen besseren: weil sie verschämt entdecken, daß es gar keine Freiheiten gewesen sind. Nora darf heute alles, und sie darf es ungestraft. Es kommt nur nichts dabei heraus. Um zu bemänteln, daß sie nichts daraus zu machen versteht, beteuert sie, noch immer nichts zu dürfen: Sonst hätte sie doch längst etwas daraus gemacht, nicht wahr?

Wo sind denn nun bitte die großen philosophischen Gegenentwürfe, die genuin weiblichen Gemälde und Symphonien, Dramen, Architekturen und Religionsstiftungen, wo ist auch nur die Sehnsucht danach? Michelangelo und Mozart, Kant und Buddha waren nicht groß, weil sie privilegiert waren, sondern obwohl und weil sie nicht privilegiert lebten. Ihre weiblichen Pendants werden von Frauen weder erwartet noch vermißt. Was da zwischen Nora und dem Geist steht, wird Nora doch wohl nicht 'Männlichkeit' zu nennen wagen? — Ich sehe nur Traktoristinnen und Modeschöpferinnen, Sozialarbeiterinnen und Frauenfeldforscherinnen. Will Nora wirklich, was sie zu wollen vorgibt? Mutter leiblicher und geistiger Kinder zugleich zu sein, geht gut zusammen, doch der Geistes- und der Büroarbeiter beißen sich wie Hund und Katze.

Statt endlich ihr uraltes Privileg zu nutzen, allein oder zusammen mit ihren Kindern und Nachbarinnen zu lesen und zu schreiben, zu musizieren, zu malen und zu modellieren, zu denken und Vorträge zu halten, schielt Nora nach dem männlichen Privileg, diese Privilegien für Benachteiligungen halten zu dürfen. Nora träumt von Chancen, die keine sind, um Chancen nicht nutzen zu müssen, die sie hat, und das sind Chancen nicht nur bei Männern, sondern die Chancen, ihren unendlichen geistigen Nachholbedarf auf eigene Faust nun auch endlich zu einem Nachholbedürfnis zu machen.

Die wahre Alternative zu der falschen Alternative, entweder am Herd oder am Fließband zu verblöden, liegt offenbar zu nahe und lag immer so nahe, daß eine Frau, die die Übersicht bewahren will, sie sehr leicht übersieht. Auszuprobieren, ob ihr Mann gegen solche Art von Emanzipation Einspruch erheben und Widerstand leisten würde, müßte sich für Nora in jedem Fall mehr als lohnen.

Und was für die neue bürgerliche Nora ein hübsches, aber zu mühsames Spiel sein könnte, scheint für eine proletarische Nora der einzige Ausweg aus ihrem Dilemma und dem Dilemma ihres Mannes und ihrer Kinder. Denn die Bourgeoisie will bestenfalls aufhören, nicht zu herrschen, die Arbeiterin aber sollte aufhören, beherrscht werden zu wollen. Zwischen den beiden Noras gibt es einen kleinen Unterschied, der ein Unterschied ums Ganze ist und jede voreilige Geschlechtssolidarität zwischen ihnen zum Verrat macht: Die eine lebt schon in der Vorhölle, die andere nur noch nicht im Paradies.

Simone de Beauvoir hatte Recht, als sie 1949 schrieb, daß die Frau nicht als Frau geboren, sondern zur Frau gemacht werde. Nun hat diese entlaufene Katholikin sich selber weniger zu einer Frau gemacht als zu einer privilegierten Kleinbürgerin, und als sie sich selber zu der machte, die sie sein wollte, hat sie nur das gemacht, was Sartres Philosophie von jedem verlangt, nämlich sich selbst aus dem zu machen, was andere aus einem machen. Er forderte, sie solle selbständig werden, und sie parierte. Watzlawick hat die Paradoxie solcher Bestimmung zur Selbstbestimmung hübsch beschrieben. Beauvoir machte sich nur zu der, die ihren Sartre zeitlebens daran hinderte, ein erwachsener Mann zu werden. Durch sie befreite er sich von nichts und zu nichts, als er sich von allem und zu allem zu befreien glaubte. Er übernahm die volle Verantwortung für die ganze Welt, um nicht einmal die Verantwortung für ein einziges winziges Baby tragen zu müssen.

Was nur ohne und gegen die Familie sinnvoll ist, ist unsinnig. Am Beauvoirismus ist nicht Ideologie, daß Nora sich selbst verwirklichen soll, sondern daß sie es nicht als Ehefrau und Mutter daheim können soll, sondern nur als kinderloser Single in Fabriken und Büros.

Daß so wenige berufsuntätige Noras ihre Chancen daheim nutzen, heißt ja nicht, daß es außer Haus im Betrieb solche Chancen gäbe. Wenn der Spielraum kinderlos konsumierender 'Dinks' (double income no kids) zwischen Chefsessel und Fließband Freiheit sein soll, tat diese Pariser Ideologin nichts anderes, als was die übrige Gesellschaft auch tut: Sie nennt ihre Freiheit Unfreiheit und ihre Gefangenschaft Selbständigkeit.

Daß die Neo-Nora von ihrem Mann wenig umworben wird, heißt nicht, daß sie sich besser von der Industrie anwerben lassen sollte. Eine Mittelständlerin zieht es ins Arbeitsleben, weil sie dort leiten will, die Unterklässlerin zieht es nach Hause, weil sie nicht unter ihr leiden will. Nora hat im Beruf genau das zu gewinnen, was ihre Putzfrau dort zu verlieren hat, und die Frau des Arbeiters hat zu Hause ganz gewiß zu gewinnen, was Nora dort zu versäumen furchtet.

Aber während Nora längst alle Gründe kennt, die Industriewelt in Besitz zu nehmen wie ihr Mann oder ihr Freund oder ihre Freundin, kennt ihre Putzfrau noch längst nicht alle Gründe, die eigenen vier Wände endlich in Besitz zu nehmen und daraus eine Volkshochschule zu machen, ein Atelier, ein Institut und eine Bibliothek, eine Denkerklause oder einen proletarischen Salon. Soll ihre Klassenfeindin sich doch 'selbständig' machen, d.h. Kapitalistin werden, also Ausbeuterin — oder Staatsdienerin, also moderne Aristokratin.

An die weibliche Emanzipation werde ich erst glauben, wenn sie keine Reanalphabetisierungskampagne mehr sein will, sondern wenn Frauen angefangen haben, jene

Dichter und Denker selbst zu sein, die bisher über sie geschrieben haben. Und die paar Männer, die sich beim vielen Lesen die Augen verdorben haben sollen, sind nichts gegen die vielen Männer, die ihre Frauen und Kinder verdorben haben, weil ihnen über keinem Buch das Sehen und Hören vergehen will.

„Zu entbinden zwingt mich der Gott, zu zeugen aber hat er mir versagt", läßt Platon im Dialog „Theaitet" seinen Lehrer Sokrates sagen, und das ist wörtlich und metaphorisch zugleich gemeint. Dieser 'philosophische Geburtshelfer', der an Männern metaphysisch das tat, was seine Mutter an Frauen leibhaftig getan hatte, war Schüler der demokratischen Sophistin Aspasia gewesen. Um 550 v.Chr. lehrte eine Vorsokratikerin namens Thargelia. Pythagoras war der Schüler einer Themistokleia und Gatte einer Theano, beides Philosophinnen und Mathematikerinnen vom Fach.

Überliefert in der homophilosophischen Gesellschaft Griechenlands ist bei den vielen weiblichen Denkern, die es aber gab, weniger das Werk als nur der Name und die persönliche Stellung zu den männlichen Denkern ihrer Umgebung.

Die Epikuräerin Themista gehörte zu den Gartenfreundinnen Epikurs wie die Hetäre Lamina. Die Kyrenaikerin Arete war die Tochter Aristipps (dem Christoph Wieland ein Alterswerk widmete). Die Kynikerin Hipparchia war eine Lumpenproletarierin, die auf offener Straße mit ihrem Gatten kopulierte. Im Jahre 415 n.Chr. wurde Hypatia, die Universitätsrektorin des Musaion von Alexandria, eine der Überlieferung nach ebenso schöne wie geistvolle und politisch einflußreiche Neuplatonikerin und Mathematikerin, von christlichem Pöbel ermordet: Der Bischof von Alexandria hetzte fanatische Mönche auf sie, die sie schändeten und ihr die Glieder aus lebendigem Leib rissen.

Es gab keine Renée Descartes und keine Meisterin Eckart, keine Emmanuela Kant und eine Johanna Fichte nur als gebildete Gattin von Johann Gottlieb Fichte. Es gab keine Wilhelmine Friederike Hegel und keine Josephine Schelling, Carla Marx, Friederike Nietzsche, Ernestine Bloch und Theodora Adorno. Eine Frau durfte Garn am Rocken, aber nicht auf Papier und Katheder spinnen. Aus der Tatsache, daß ein Philosoph es schwer hat in der Männergesellschaft, folgte nie, daß es eine Philosophin leichter hätte, sondern daß sie es noch schwerer hat. Annegret Stopczyk hat gut zusammengetragen, „was Philosophen über Frauen denken", nicht nur über philosophierende Konkurrentinnen. Eine Philo-Sophie ist heute keine Philosophin, sondern das professionelle bis professorale Denkgebäude eines Mannes, der sich Freund der Sophia nennt. Das Staunen gilt als Beginn des Philosophierens, aber unter Philosophen vom Fach wird eine Denkerin so bestaunt wie ein Philosoph unter 'richtigen Männern' — und erst recht unter 'richtigen Frauen'. Leider nie haben Philosophen und Frauen sich verbündet gegen Männerbündelei. Dabei gilt eine Denkerin als so unweiblich wie ein Denker als unmännlich. Die wenigen Ausnahmen bestätigen die Regel, daß Menschen mit einer Monatsregel ihr Nachdenken nie bis zur Philosophie (über)treiben. Triebe es sie dorthin, wenn sie durch philosophierende und nichtphilosophierende Männer nur nicht davon abgehalten würden? Wer unter Männern und Frauen denkt schon darüber nach? Warum war das Nachdenken über die Ursache des Ganzen immer ganze Männersache?

Kultur? Es gab ausgezeichnete Romancières, Malerinnen und Architektinnen, doch fast gar keine Komponistinnen, Dramatikerinnen und Religionsstifterinnen. Frauen lieben nicht nur Musiker, sondern auch Musik, aber sie erfinden nur Pop. Fast alle Philosophen also waren Männer, aber kein richtiger Mann wurde Philosoph (es sei denn, die Philosophie wurde Wissenschaftstheorie oder Logistik). Gab es keine Philosophinnen, weil sie von Männern und Frauen eben nicht ermutigt und gefordert wurden oder weil eine männliche Geschichtsschreibung ihre Werke nicht aufbewahrte, übersetzte und interpretierte?

Eine Philosophin ist weder von Philosophen gern gesehen noch von Philosophinnen, Nichtphilosophen und Nichtphilosophinnen. Darin unterscheidet sie sich aber von ausgewiesenen Philosophen nur wenig. Selbst wenn es stimmte, daß Frauen mit Gattengewalt ans Heim gefesselt werden, spräche das eher für Philosophinnen. Auf dem häuslichen Filosofa denkt es sich vermutlich besser als in einem „Seminar" oder in einem Industriebetrieb.

Warum gibt es im heutigen Berlin weniger Heimdenkerinnen als im antiken Athen, in dem Frauen bestimmt keine angesehenere Stellung hatten? Jahrhundertelang dachten Männer im Schoß der Mutter Kirche, später dachten sie ebenso lang im Schoß der Alma Mater als Diener von Vater Staat — an den Schoß von Mutter Natur. Würden Frauen philosophieren, wenn Männer sich dafür interessierten, oder interessiert Eva sich mehr für Adam als dafür, was Frau Welt im Innersten zusammenhält? Gibt es so wenige Philosophinnen, weil Frauen im Patriarchat leben, oder weil Philosophieren Nachdenken darüber heißt, wie man ein Mann wird in einer 'matriarchalischen' Gesellschaft von Arbeitsbienen?

Daß so wenige Frauen nun wirklich philosophieren, könnte dafür sprechen, daß wir eher in einem 'Sozial-Uterus' leben als in einem biblischen Patriarchat. In einem Industrie-Matriarchat, wenn wir denn eines haben, hätten Frauen das Philosophieren ja sehr viel weniger nötig als ihre Männer, die sich in einen

solchen Riesenschoß des Großen Ganzen erst hinein-
denken müßten.

Vielleicht die bedeutendste Philosophin und der bedeutendste Naturphilosoph dieses Jahrhunderts —
wenn nicht vieler Jahrhunderte — dürfte die fast ver-
gessene Hedwig Conrad-Martius (1888-1966) sein.
Nicht nur ihr festes Christentum hinderte sie heute,
zu einer feministischen Galionsfigur gemacht zu
werden. Ihre Originalität lag in der philosophischen
Interpretation der modernen Naturwissenschaften
und deren Heimholung in einen Kosmos biblischer
Universalität. Ihre 'realistischen' Interpretationen der
mathematischen Abstraktionen moderner Physik sind
fast schon so etwas wie eine Psychoanalyse der Naturwissenschaft und anthropomorphistischer, als ihr lieb
gewesen wäre, aber die Menschen dafür auch natürli-
cher gesehen. Mann und Frau müssen beide den Mut-
terleib der Natur verlassen, um nicht zu sterben, der
Mann, um in den Schoß seiner Frau zurückkehren zu
können als Vater, die Frau, um selbst Mutterschoß zu
werden. Die Mütter ziehen gleichsam zurück, die Väter
ziehen heraus, und beide ziehen nicht von außen, sondern inmitten jedes verweslichen Einzelwesens selbst.
Hier ist eine 'Metaphysik der Geschlechtsliebe', welche
die Schopenhauers widerlegt. Conrad-Martius hat nicht
als gute Berliner Protestantin den himmlischen Vater
gegen Mutter Erde patriarchalisch ausgespielt, sondern
gut biblisch für die Geburt des Menschenkindes aus
dem Geiste Gottvaters und der Mutter Natur plädiert,
gegen jedes Zurück zu den Müttern wie gegen jede
homophil(osophisch)e Vergeistigung zugleich. Sie hat
den Menschen in die Natur zurückgestellt, ohne ihm
den göttlichen Funken abzusprechen, und ihre philosophische Maieutik hat ihn aus der Mutterleibeshöhle der
Natur gezogen, ohne ihn zum Götzen zu machen. Das
Drama der Menschwerdung sah sie bereits dämmern in

unbelebter Natur, zu der nach Freud die Libido todestriebhaft zurückdrängt, und auf sie das Licht der Vernunft werfen.

„Es hat einmal jemand geäußert in einer literarischen Auslassung, wenn die Deutschen nicht wüßten, wohin gehen, dann gingen sie zu den 'Müttern'. Es ist wohl heute an der Zeit, vor allem wieder zu lernen, nach oben zu den transzendenten himmlischen 'Vätern' zu gehen: nämlich die idealen ewigen, überzeitlichen Wirkmächte der Welt wieder kennenzulernen und anzuerkennen, von denen alle wahre Ordnung, alle Wesensordnung in der Welt stammt. Sie setzen allerdings transzendente ewige unterzeitliche Seins- und Werdensgründe voraus, die dann gleichfalls nicht vergessen werden dürfen."
(„Zeit und Ewigkeit", Vortrag 1952, Schriften II, München 1963, Seite 414)

Männer flüchten Feierabends vor dem Berufsleben ins Familienleben, aus denen Frauen tagsüber ins Berufsleben flüchten, woraus noch nicht hervorgeht, welches von beiden Leben nun das schwerere ist. Noch immer wie eh und je machen Männer Frauen zu Müttern, und sei es nur zu ihren eigenen. Entweder macht der Dreizimmer-Zeus seine Kinder zu seinen Geschwistern, um Kinder mit seiner Mutter zu haben, oder der neue Ödipus macht seine Frau zu seiner Mutter, um mit seinem Kind wie Bruder und Schwester leben zu können. Im Übrigen ist der 'kleine Unterschied' ohne große Folgen längst wieder da, zwar nicht als petite différence zwischen Adam und Eva, aber doch wenigstens schon wieder zwischen Softy und Womanagerin. Softy:

Die wahre revolutionäre Abweichung vom Bestehenden ist die ständige Aufweichung der harten Männerwelt. Der Abweichler ist nur noch möglich als Aufweicher. Vom Gebärneid verzehrt, sitzt der Eunuch händchenhaltend und mitpressend am Kreißbett.

Hans und Grete heute stehen wie Hänsel und Gretel im
toten und bitterkalten deutschen Wald, im Partnerlook
kumpelhaft vereint. Die gemeinsame Latzhose, eine
rosa Kreuzung aus Arbeitsdrillich und Babystrampelan-
zug, verband noch bis vor kurzem aufs glücklichste den
proletarischen Touch mit der kindgerecht infantilen
Note. Wenn Hans und Grete derzeit überhaupt noch
etwas verbindet, dann nicht etwas Altmodisches wie
heterosexuelle Erotik, sondern eher so etwas wie hu-
mussexuelle Sie-otik. Die Herren der Schöpfung sind
nicht mehr Herren ihrer Erschöpfung. Sie haben nur
noch zwei Alternativen: Entweder holen sie den Damen
ihres Herzens die Stars vom Himmel und lesen ihnen die
Wünsche von den Fernsehaugen ab, oder tragen sie auf
eigenen Handwerken durchs Überleben und legen ihnen
endlich die ganze gereinigte Umwelt zu Füßen. Wer
anderes will, muß sich eine andere Welt suchen. Wer
ein Gretchen der Neuzeit ansieht, ihrer zu begehren,
der hat mit ihr schon gebrochen, wird angezeigt oder
hat sich die Augen verdorben. Die Befolgung des Ge-
bots wird immer einfacher, weil der Ehebruch mit dem
Bestehenden einfach nicht mehr reizt und lohnt. Wie
können Männer auch für Frauen schwärmen, die für
Männer schwärmen, die mit ihnen stricken? Und wie
können Frauen für Männer schwärmen, die für Frauen
schwärmen, die vor lauter entmanntem „Pazifismus"
keine Hahnenkämpfe um sie mehr lieben?

Seit der Bauch jeder Frau wieder ihr gehört und nicht
mehr ihrem Herrgott, sitzt unter der Gürtellinie statt
des Geschlechts eben ein Bauch als Gegengewicht zur
sonstigen Kopflosigkeit. Im Übrigen schminkt die deutsche Frau sich immer noch nicht, wer hat es verboten?
Sie trägt natürlich keine unnatürlichen Stöckelschuhe
und reizt den Mann, indem sie anzieht, was ihn bestimmt nicht anzieht. Die Frauen zeugen mit den Männern keine Kinder mehr, sondern überzeugen sie wieder

einmal mit wachsendem Erfolg davon, daß so etwas wie Vernunft nur böse 'Kast-rationalität' sei. Michel glaubt es. Vor lauter blutigen Auseinandersetzungen zwischen ihnen kommt es leider immer seltener zu jenen unblutigen Ineinandersetzungen, die früher einmal, lang ist es her, so etwas wie Liebe sein wollten.

Zwischen Hans und Grete stehen nur noch Wände, und früher ging es mit dem kopflosen Kopf durch alle Vorwände. Zwischen beiden ist nichts mehr, falls denn je etwas zwischen ihnen war. Zwischen beiden steht nichts als dieses Nichts selbst, das sie miteinander anfangen können. „Du kannst mich einfach nicht verstehen", lockt das ewige Weib schon in Buchtiteln den tumben Fachsimpler an ihrer Seite vergeblich. Das jüngste Nonplusultra ist nicht mehr die Sexualobjektivierung, Kastration oder Vergewaltigung präpotenter Männer durch He-Women, sondern Psychologe Schmidbauers Warnung an die Frauen, sich ihren Frustgrund nicht selbst zu verschaffen, indem sie ihre Kontrahenten mit absoluten Ansprüchen überfordern. Kultiviert Eva romantische Träume von Liebe, weil Adam 2000 die 'Beziehung versachlichen' will, oder verlangt er von der 'Beziehungskiste' zu wenig, weil sie davon zu viel erwartet? Nennt er Maximum, was sie nicht mal Minimum nennt?

Was man auch sagen und schreiben mag, es ist nicht der Feminismus, der unsere Männer impotent macht. Er gibt ihrer Impotenz nur ein Alibi. Und Gretchen trägt keine Kinder mehr aus, sondern ihren Klassenkampf gegen Hänschen, der lieber im nächsten Umweltkrieg stirbt, als ein Hans zu werden. Das Triebwerk der Geschlechter ist ausgefallen, und Kinder sind nur noch so etwas wie Abtriebwerke im Siebten Himmel ohne Geigen. Man spielt verrückt, und ganz ohne Weiber geht auch die Psychose nicht, die heute für geistige Gesundheit gilt. Hans schlägt Grete, also nicht mehr in Bann, und sie verführt ihn dazu, sie nicht mehr zu verführen, aus Angst vor Anführern.

Zwischen beiden Geschlechtern ist nichts, steht nichts, geht und läuft nichts, und weil kein noch so kleiner Unterschied sie mehr trennt, deshalb verbindet sie auch nichts mehr als ein Dauergezänk um nichts und wieder nichts. Das waren noch Zeiten, als so etwas wie ein Geschlechterkrieg vom Klassenkampf ablenken konnte. Von beidem lenkt die jüngste alte Beziehungskisten-Inzüchtigkeit erfolgreich ab in diesem abendlandfüllenden Nullsummenspiel.

Führen Männer Kriege, weil sie unbefriedigt sind von Frauen, von denen sie in Kriege geschickt werden, oder läßt die Lysistrata von heute als gute Tochter ihrer Mutter sich nicht befriedigen von Männern, die Kriege führen, weil sie von Gretchens preußischer Frigidität unbefriedigt sind? Die beiden Geschlechter finden einander nur noch allzu widerstehlich. Früher war er hinter der her, die ihm folgte, und sie folgte gut biblisch nur dem, der hinter ihr her war wie nur die böse Welt hinter dem armen Paranoiker. Den stärksten Widerstand leistet die modernste Frau gegen den Widerstand des Mannes dagegen, überhaupt noch hinter ihr her zu sein und sie zu bedrängen. Sie kann auch ohne ihn ganz gut leben, aber nicht, ohne daß er ohne sie nicht leben kann. Doch die Ursache für ihren Mangel an Attraktivität für ihn will sie nicht wahrhaben : Die Mütter lassen grüßen aus dem preußischen Sparta. Und er befriedigt sie nicht, sondern läßt sie ganz zufrieden.

Früher geisterte einmal der Verdacht herum, Zivilisation sei nichts als nur verdrängter Sex. Man sagt das so, als sei jedes verhinderte Schwein deshalb schon ein Kulturträger. Wenn der Grad der Unkultiviertheit und mangelnden Förmlichkeit ein Maß für die Befreiung des Geschlechts ist, dann ist die Befreiung der Liebe längst gelungen, dann war sie nie etwas anderes als frei. In Wirklichkeit läßt sich an den Tölpeleien unserer tumben Galane und faden Maiden gerade ablesen, welch verdrängtes Mauerblümchendasein ihre Libido weiter spielt. Amor auf gut Deutsch hat nicht einmal etwas zu tun mit Amoral und gleicht weniger einer Intimsphäre als einem Inteamgeist, obwohl gegen die Beschäftigungstherapie tagsüber am Arbeitsplatz dann am Feierabend die obligate Gruppentherapie auch nicht recht helfen will. Dort wird dann von Fachleuten, die fremde Ehen verpfuschen, weil sie ihren eigenen Ehen nicht sehr gewachsen sind, ausgiebig besprochen, was Mann und Frau einander nicht mehr zu sagen haben. Dort werden die Wunden besprochen, dort wird thematisiert, problematisiert und diskutiert, dort wühlen alle lustvoll im Kinderschlamm, spielen Erwachsene und stellen Fragen durch die Art, wie sie die beantworten:

Herrschen Männer über Frauen wie Mütter über kleine Jungen, oder büßen Söhne an ihren Müttern, was Frauen unter ihren Männern leiden? Geben Töchter an ihre Gatten weiter, was sie von ihren Müttern erduldet haben wollen, oder buckeln Mütter vor den Söhnen, mit denen sie deren Väter treten?

Am Ende unterschreiben beide geschlechtsneutralen Geschlechter denselben Wisch mit der Reinheitsparole: „Nieder mit dem Patriarchat!" Das ist Ironie, denn danach schreien sie, als wäre dieses biblische Patriarchat zusammen mit seinen Erfindern noch immer nicht ganz ausgerottet.

Sollen Mann und Frau nur ruhig gleichberechtigte Halbtagsarbeiter werden und sich Heim und Welt brüderlich teilen, wenn darüber nur nicht vergessen wird, daß bei diesem Handel die Männer, die vorher ganztägig Geld verdienen mußten, haushoch gewinnen, und daß die Frauen, die vorher den ganzen lieben langen Tag dem Büro und der Fabrik fernbleiben durften, ebenso hoch verlieren. Wenn das zugegeben wird, habe ich nichts mehr zu sagen, aber genau das wird ja nicht zugestanden, und deshalb dieser pamphletistische Essay.

Wenn Männlichkeit wie Weiblichkeit Gesellschaftsprodukte sind und keine Naturerzeugnisse oder gottgewollte Schöpfungsziele, dann verliert Eva ihre verhaßte Weiblichkeit dort am leichtesten und sichersten, wo auch Adam seine nicht minder ungeliebte Männlichkeit losgeworden ist: im Industrie-Betrieb. Ich verstehe, daß Frauen vor diesen Schwächlingen nicht schwach werden und lieber gar keine wollen als diese real existierenden Männer. Aber ich verstehe nicht mehr, warum sie ihre von Männern gezüchtete Weiblichkeit in der Industrie genauso ablegen wollen wie die Männer ihre von Frauen gestylte Männlichkeit.

Es gäbe für Frauen eine Art, zu Küche und Kindern zurückzukehren, vor der alle real existierenden politischen Blöcke wirklich Angst bekämen, nicht nur Kastrationsängste vortäuschen angesichts von Direktricen, Busschaffnerinnen und Automechanikerinnen. Das ganz 'andere Geschlecht' wäre das erst wirklich, wenn es tatsächlich etwas ganz Anderes täte, wenn es also, um ein Beispiel herauszugreifen, ebenso viel mehr Bücher fordern würde, wie es heute um der Bauchrednerei willen weniger Bücher fordert, als gelesen und geschrieben werden. Zwischen Industrie-Mystik und Uterus-Mystik gibt es gewiß auch noch etwas; eine vergangene Epoche nannte es *das gewisse Etwas*.

Das heutige Bild von dem, was die Beziehung von Mann und Frau sein sollte, ist deshalb so fragwürdig, weil das heutige Bild von dem so falsch ist, was die Beziehung von Mann und Frau in der Tradition einmal gewesen sein mag. Unser Schreckbild von diesem traditionellen Verhältnis der Geschlechter gibt nicht wieder, wie sie wirklich zueinander standen, sondern ihr Traumbild, von dem sie weit entfernt waren. Dieses Alptraumbild sah bekanntlich so aus : Sie denkt immer nur an das Eine, Liebe, er danach auch mal an etwas anderes. Sie ist ganz und ungeteilt für ihn da, also dafür, daß er sich zwischen ihr und seinem Geschäft teilen kann. Er weiß mehr über einige Dinge, und sie weiß einiges über mehr Dinge. Sie klebt zwar an Kleinigkeiten, während er das Ganze übersieht, aber er ist ganz allgemein für das Spezialwissen zuständig, und sie ist bestenfalls Spezialistin für Allgemeinbildung und Gemeinwohl.

Wenn er sie gefreit hat, wird er frei für Wissenschaft und Wirtschaft. Er arbeitet sich frei für den Genuß der Liebe, und da die Liebe nur die Hälfte seines Lebens ausmacht, ist sie bei ihm nur eine halbe Liebe, während für Grete, will man dem Ondit glauben, das ganze Leben Liebe ist.

Er entwickelt Mentalität und sie Sentiment und Ressentiment. Sie ist ganz Willen und er ganz Wissen. Er ist nie so ganz da und dabei : In ihren Armen denkt er an Kants 'Kritik der reinen Vernunft', und bei dieser Lektüre träumt er von nackten Weibern. Sie ist ganz Leben und Erde, er ist halb Affe, halb Übermensch. Er ist ihr Ein und Alles, während sie für ihn bestenfalls seine bessere Hälfte abgibt.

Erst hat die eine Frau Sinn für alles und einen Körper wie keine sonst, dann hat sie einen Körper wie alle und Sinn für gar nichts sonst. Nach Ansicht der Frauen haben Männer ernste Ansichten mit der Absicht, keine ernsten Absichten haben zu müssen. Nach Ansicht der Männer haben Frauen nur ernste Absichten mit der Absicht, keine ernsten Ansichten haben zu müssen.

Er kann ausdrücken, was sie ausleben muß. Er kann sublimieren, weil sie nur vegetieren kann. Er gebiert Bücher, sie kreiert Kinder. Er hat ein Ich, weil er ein 'Über-Ich' hat, und das hat er, weil er einen strengen Vater über sich hatte, der ihn als Kind vor die Wahl stellte, auf sein eigenes Geschlecht oder auf das andere Geschlecht, das durch Mama vertretene, zu verzichten. Sie hat kein eigen(tlich)es Ich, weil sie kein Über-Ich hat, und das hat sie nicht, weil sie als Kind nicht ihr Geschlecht zu verlieren hatte. Sie hat keine kulturstiftende Angst, kastriert zu werden, sondern nur ihre Enttäuschung zu verarbeiten, ihr Geschlecht hinzunehmen als Ergebnis einer Kastration, die keine ist. Sie geht hemmungslos im Trieb auf, damit er in den Betrieb gehen kann. Sie wird es los in Küche und Kindern, er in Romanen und Symphonien. So war es damals, heißt es, und heute überhaupt nicht mehr. Aber wir wollen es heute nicht ändern, weil es so war, sondern weil es eben nie so war. Die Archäologen stecken die Köpfe mit den Futurologen zusammen. Schön wär's ja, wenn sie so sinnlich scharf wäre, wie er scharfsinnig zu sein glaubt. Weil sie ganz natürlich war, konnte er halbgebildet sein? Er soll sie zu reiner Natur gemacht haben, um selber reiner Geist gewesen zu sein?

In Wirklichkeit war es bis heute so, daß er eher begeisterter Ungeist ist — ohne deshalb Naturkind zu sein. Und in Wirklichkeit hatte Gretchen stets so wenig Charme, Grazie und Feuer, wie er noch Sinn und Verstand hatte. Seine Gedanken waren nie höher, als ihre Gefühle tief waren, und er hatte nie mehr im Kopf als sie im Bauch. Was die Einheit von Leib und Seele angeht, waren sie beide immer eher beleibte als beseelte Wesen, und der deutsche Amor tummelt sich irgendwo zwischen Streicheleinheiten und Hygienetrips herum.

Gegen die Sittlichkeit sind Hans und Grete nicht, weil sie beide so furchtbar sinnlich wären, sondern im Gegenteil, weil sie bis zur Besinnungslosigkeit deserotisch sind, und in Deutschland gibt es beides nicht, weder Cogito noch Cupido ergo sum. Der erotische Esprit sagt hier nicht viel mehr, als daß Es spritzt, und das progressiv ganz ohne Über-Ich. Gretchen kann ihrem Hans so viele biodynamisch gezogene Äpfel anbieten, wie sie will, sie wird ihn nicht verführen zur fälligen Vertreibung aus dem Kindergarten Eden. Und wie er so nackt dasteht in seiner Unschuld, kann er ihr noch so viele Äpfel vom Baum des Überlebens aus der Hand essen, diese chemiefreien Naturprodukte führen bei ihm zu keiner überfälligen Erkenntnis von Besser und Böser.

Adam ist jetzt kooperationsbereit bis zur Lernwilligkeit und hat nur zu gut verstanden, weshalb er bisher nichts verstehen wollte und konnte. Seinen Verstand benutzt er jetzt, Gretchen zu verstehen, statt sich nur auf Weiber verstehen zu wollen. Er hat kapiert, daß Eva sich keinem Mann hingeben will, der sie so hernimmt. Heute nimmt Adam es so hin, daß Eva sich nur noch dafür hergibt, einen Mann herzunehmen, dem sie sich nicht wirklich hingeben kann. Ich kann verstehen, was der kleine Unterschied zwischen diesseitig modernen und altmodisch frommen Ehepartnern ist : Die einen stecken noch unter einer Zimmerdecke, die anderen nur unter einer Wolkendecke. Ich sage mir also : Liebe oder Geschlechterkrieg, ganz gleich, Hauptsache, die beiden Hälften reizen einander noch bis aufs Blut. „Das Ganze ist das Unwahre" (Adorno). Verboten ist nicht das aufgerührte Blut, sondern das vergossene, und der Michel sollte endlich vom Liebhaber Mariannes lernen :

Der Franzose besiegt seine Nebenbuhler, der Deutsche die Frau selbst. Wenn Gretchen dagegen protestiert, hat sie Recht und Hans das zu verstehen. Hans ist Analphabet und muß lernen, daß in einer Frau zu lesen ist wie in Blindenschrift, und daß sie sich nicht mehr dadurch selbst entfaltet, daß sie ihre Falten loszuwerden versucht. Einige beginnen zu verstehen, warum das Himmelbett für beide Geschlechter zum feindlichen Lager wurde. Beide sind sehr schnell voneinander enttäuscht, denn sie sehen bald : Den Partner da hatte niemand von beiden sich schon als Kind gewünscht.

Die Unfähigkeit der Männer, alle Frauen in einer Frau zu haben, ist ihre Fähigkeit, in allen Frauen die eine Frau fürs Leben nicht zu finden. Ein Mann betrügt meist seine Frau mit seiner Mutter in allen anderen Frauen, und das hat schon sein Vater mit seiner Mutter so gemacht. Daß eine Frau einen Softy an Stelle eines Mackers will, muß eine Ausnahme sein, die die Regel bestätigt, daß sie weder eine Memme noch einen Macho will. Daß sie von keinem der beiden gewollt werden will, macht Hoffnung auf ihr Glück, denn der Softy ist ein Mann, der an Frauen zwar seinen Verstand wie gewünscht verliert, aber das schafft, ohne sich in Frauen verlieben zu müssen. Und jeder Frau sei gern verziehen, daß sie ihm das nicht gern verzeiht.

Die Liebe zwischen den Geschlechtern ist heute so gut versteckt, daß sogar Psychoanalytiker sie dort kaum noch finden. Freud hin, Freud her, seit Eros überall ist, wo ihn niemand früher vermutet und gesucht hätte, ist er am Ende nur nicht mehr dort, wo ihn jeder vermuten würde.

In der Bibel steht geschrieben : Adam und Eva aßen vom Baum der Erkenntnis und erkannten, daß sie nackt waren. Auch an anderen Stellen übersetzt Luther sehr schön, daß Mann und Frau einander nur *erkennen*, wenn sie Vater und Mutter verlassen, um Ein Fleisch zu werden. Das ist Freud lange vor Freud. Überhaupt ist Psychoanalyse nur die Bibel auf Psychologisch. Liebeskunst kommt im Alten Testament vom Erkennenlernen. Philosoph Immanuel Kant gilt zu Recht als Gipfel der deutschen Aufklärung, und dieser größte deutsche Aufklärer dachte, daß für den alten Adam das Dingsbums-an-sich unerkennbar sei an Mutter Natur. Von diesem ewigen Junggesellen hatte der deutsche Bildungsbürger sich am liebsten *aufklären* lassen und den transzendentalen Ödipuskomplex in Bezug auf Mutter Erde übernommen.

Hierzuvaterlande ist immer wieder bei Adam und Eva anzufangen, heißt es. Deren Liebe sei egoistisch, sagt man. Wenigstens ist sie der schönste Grund der Welt, den Rest der Welt nicht links liegen zu lassen. Das Einmaleins? Liebe ist, wenn man trotzdem haßt, und Haß ist, wenn man trotzdem liebt. Liebe heißt, daß ich dich in mein Herz geschlossen habe, das ich an dich verloren habe. Liebe ist etwas für alle, besonders für alle, denen das rein Geistige zu leicht fällt und das rein Physische zu schwer. Kurz : Heute liebt es jeder, geliebt zu sein, um nicht lieben zu müssen. Und um nicht zeigen zu müssen, daß er nicht lieben kann. Ich liebe dich wohl, aber ich liebe den in dir, von dem ich liebend gern geliebt wäre — und also wohl oder übel wollen muß, daß er es liebe, sich von mir lieben zu lassen: So bleibt dann jeder allein mit der liebevollen Aufhebung seiner Einsamkeit.

Männer rasen heute auf die Sterne zu, aber nicht, um sie wieder ihren Frauen zu Füßen zu legen. Wer hat denn etwas dagegen, daß ein Mann sein himmelhohes Ziel erstürmen will und sei es hinter dem Mond und den Sternen? Aber ein Mann sollte an seinem Ziel ankommen wie bei einer geliebten Frau. Ich verstehe, daß Liebe einen Mann so blind machen kann, daß er seine Frau nicht mehr sieht. Aber ich verstehe auch, daß Liebe ihn so blind machen kann, daß seine Frau sich nicht gern von seinem Blindenstock verprügeln läßt. Es gab einmal eine Zeit, da der Mann der Geliebte seiner Frau werden wollte, um

Vater seiner Kinder zu werden, und ich habe kein Verständnis dafür, daß er heute allzu oft nur der beste Freund seiner Kinder werden möchte, um partout nicht der Geliebte seiner Frau sein zu müssen.

Schlimm ist ja nicht, daß Männer aus Mädchen Frauen und aus Frauen Mütter machen wollen, sondern daß sie aus ihnen ihre eigenen Mütter machen statt die Mütter eigener Kinder. Sie machen sich lieber zu Kindern ihrer Frauen als diese zu Müttern ihrer Kinder, und männliche Feministen wollen zu oft nicht vorwärts zu ihren Frauen, sondern rückwärts zu ihren Müttern oder Geschwistern. Ich verstehe, daß Frauen dafür kein Verständnis haben wollen. Väter sind nicht nur nötig, um Kinder behutsam von ihren Müttern zu lösen statt zu trennen, sondern auch umgekehrt, um Frauen langsam von der Last bloßer Männer und Kinder zu befreien, damit alle nicht aneinander ersticken.

Ein Konservativer ist daran zu erkennen, daß er die Familie für die Keimzelle der Gesellschaft hält. Der wahre Revolutionär hielte die Gesellschaft aber umgekehrt nicht einmal für die Keimzelle der Familie. Ein Familienleben, das gesellschaftlichen Aktivitäten dient, macht erst Familie und Gesellschaft zu jener Gefängnis- und Kloster-, Krebs- und Gummizelle, die bei manchen Menschen in *Rote Zellen* führen, wenn die kleinen grauen Zellen absterben. Der pure Mittelstandsfeminismus schwärmt von Erdmutter Gäa und Demeter, von der Magna Mater des *Mater*ialismus, und ist doch nur ein Humus-HumanisMus, der alle Frauen nur dem Erdboden gleichmacht. Diese 'Frauenbewegung' ist längst funktionalisiert zu einem Instrument der Verhütung weiblicher Selbstbefreiung im Namen einer Emanzipation, die ihre eigene Demanzipation wurde und sich von allen Emanzipationsbedingungen emanzipiert hat.

Wenn es stimmt, daß Er & Sie weder von Natur noch von Gott aus sind, was sie sind, sondern von Gnaden der Gesellschaft, dann ist ebenso wahr, daß diese Gesellschaft bestimmt hat, was beide jeweils sein wollen, wenn sie ihr neues Selbstbestimmungsrecht auch wirklich nutzen, statt es verkommen zu lassen.

Wenn Frauen Wesen sein sollten, die von Männern für Frauen gehalten und genommen werden, dann drohen sie heute nicht weniger zu Opfern des Feminismus zu werden wie vormals zu Opfern des Machismus. Der *Männlichkeitswahn* ist der Wahn von Männern wie von Frauen, daß die Männer heute Männer und Väter seien. Ob die Frau Opfer eines Supermanns oder eines Hampelmanns ist, macht ja allerdings nur einen kleinen Unterschied, wenn sie nicht länger unter ihm leiden will, weil sie ihn nicht mehr leiden kann — und umgekehrt. Nun ist nur die Frage, ob sie aus einem Supermann einen Hampelmann oder umgekehrt machen will oder ob sie etwas aus sich selbst machen will, ohne sich etwas aus Super- und Hampelmännern zu machen.

Männer und Frauen sind erst einmal Menschen, heißt es. Aber umgekehrt steht auch geschrieben, daß Gott den Menschen nach seinem Ebenbilde nicht nur als Menschen, sondern auch als Mann und Weib geschaffen hat. Kein Mensch lebt erst als Mensch an sich, bevor er als Männlein oder Weiblein existiert. Ein Mann ist ein Mensch, wenn er ein Mann ist, und eine Frau ist eine Frau, wenn sie ein Mensch sein darf, aber um Mensch zu sein, muß sie eine Frau sein. Das Geschlecht sitzt an einem Menschen nie wie sein Hut auf dem Kopf.

Was ist ein richtiger Mann, wenn nicht das, was eine richtige Frau sich zum Manne wünscht? Eine rechte Frau leide weniger unter einem Mann, der unter der Arbeitswelt leidet, als unter einem Mann, der darunter nicht genug leidet, um sie überwinden zu wollen.

Das wäre kein Mann, der nur aufsteigen will in die Chefetage oder aussteigen in die Wildnis, sondern der die Industriekultur geistig 'übersteigen' will, was früher einmal transzendieren auf gut Deutsch hieß.

Wenn es wahr ist, daß HE and (S)HE sich heute weniger lieben denn je, dann deshalb, weil sie wenig liebenswert sind. Liebenswert wäre erst ihre kleine Anstrengung, liebenswürdiger zu werden. Das wäre ein Kerl, der seiner Frau weniger den Arbeitslohn als die ganze Arbeitswelt wie ein erlegtes Wild zu Füßen legen würde, und das wäre eine Frau, die einen Mann nur lieben könnte, der ihr die Früchte seiner Widerstandskraft statt nur seiner Arbeitskraft zu Füßen legte. Frauen, die von ihren Männern entweder Autos, Häuser und Yachten verlangen oder daß sie friedens-, forst- und frauenbewegt sind, verlangen nicht etwa zu viel von ihnen, sondern viel zu wenig, weil sie nicht von ihnen verlangen, täglich wenigstens einen einzigen vernünftigen Satz zu schreiben. Und die Männer, die von ihren Frauen verlangen, daß sie nach feministischen Ökopaxen verlangen, verlangen zu viel von ihren Frauen, weil sie viel zu wenig von ihnen verlangen, um dieses Liebesspielangebot auch verstanden zu haben.

Was beide Geschlechter heute vor allem hindert, ein Fleisch zu werden, ist nicht ihr Egoismus, sondern umgekehrt, daß keins von beiden sein ureigenes Interesse endlich einmal wahrnimmt, verficht und auch nur kennt.

Gerade wenn es stimmen sollte, daß Männlein wie Weiblein weniger Naturprodukte sind, die am Baum des Lebens wachsen, als gesellschaftliche Produkte, die am Baum der Erkenntnis wachsen sollten, sind mir die großen Folgen, die frühere Gesellschaften dem 'kleinen Unterschied' bereitet haben, ungleich lieber als das meiste, was Gesellschaftskritiker, die sich fortschrittlich nennen, aus den Geschlechtern heute und morgen gemacht sehen wollen — obwohl sie doch alles bloße Machen und Anmachen zu verabscheuen vorgeben. Was die Nachfolger von Adam und Eva früher trennte, bevor sie Ein Fleisch wurden, mag ja alles andere als immer gut gewesen sein, aber es war wohl immer noch besser, als was sie beide heute im morosen Permanenzgekeif vereint.

Je weniger sie äußerlich noch voneinander zu unterscheiden sind, um so unversöhnlicher wird ihr kleinlicher Haß aufeinander, und es ist nicht nur der Konkurrenzneid am gleichen Arbeitsplatz und das Gerangel um die sonnigeren Arbeitsplätze. Der Feminismus ist für Familienplanung und gegen die Machenschaften der Macher zugleich, aber Macher gibt es nicht nur unter Mackern.

Die bessere Hälfte fordert unüberhörbar die Hälfte des Himmels auf Erden, also die bessere Hälfte der Vorhölle. Sie fordert ihr kulturelles Erbteil heute ein, also allgemeine Teilhabe an der allgemeinen Kulturlosigkeit. Sie fordert mehr freie Natürlichkeit, also mehr ungezwungene Geistlosigkeit. Sie fordert weniger 'Verkopfung', also bessere Verdauung und Verarschung. Die Umwelt(vor)schützer wollen nicht wahrhaben, daß sie Innenweltverschmutzer sind.

Spätestens seit Simone de Beauvoirs „Deuxième sexe" von 1949 werden Frauen nicht mehr als Frauen geboren und wollen nicht mehr von Männern zu Frauen, sondern von Frauen zu Amazonen gemacht werden, die Männer zu Drohnen machen.

Spätestens seit Alice Schwarzers kleinen Folgerungen aus dem noch vergrößerten Unterschied wollen Frauen nicht mehr von Männern genital penetriert, sondern nur noch von unfruchtbareren Frauen klitorial-narzißtisch selbstbestätigt werden.

Und spätestens seit Shulamith Firestone wollen Frauen nicht einmal mehr abtreiben und abgetrieben werden *in vivo*, sondern selbst nur noch extra-uterin *in vitro* empfangen, ausgetragen und geboren werden. C'est la vie.

Ein Mann unterdrückt seine Frau nicht, weil er ein Mann ist, sondern weil er gerade keiner ist, sondern ein Schwächling oder ein Sadist, was das gleiche ist. Er unterdrückt sie nur aus Angst, von ihr erdrückt zu werden wie ein kleines Kind von einer ohne väterliches Gegengewicht etwas übermächtigen und übereifrig ihm zu Leibe rückenden Mama, die ihr Kind zuweilen als ihren Ehemann benutzt, wenn sie es nicht als Waffe oder Schutzschild mißbraucht gegen ihren Mann, der seinen Mann nicht stehen will.

Es mag durchaus sein, daß Männer nicht sind, was sie sein könnten und sein sollten. Aber Unmänner sind sie nicht, weil die Frauen sind, was sie sein könnten und sollten, sondern weil das männliche Wunschbild auch und gerade der überaus emanzipierten Frau eher einem aufgeklärten Ökototalitaristen gleicht als einem Widerstandskämpfer, der lesen und schreiben kann.

Geschäftsteilhaber nennen sich auch Partner. Wenn Mann & Co. oder Frau & Co. einander gerade mal nicht gegenseitig ausbeuten, ist ihre Ehe heute eine Kumpanei von Kompagnons, eine verschworene Kampfgemeinschaft, um andere auszunehmen. Das ist die Geschäftsgrundlage der gutbürgerlichen Ehe bis heute, die soweit funktioniert, wie das gemeinsam betriebene Geschäft läuft. Und der kleine Unterschied hat den Sinn einer bloßen Arbeitsteilung im Familienbetrieb.

Gewöhnlich entrinnt ein Mensch der Abhängigkeit von seinen Eltern nur durch Abhängigkeit von seinem Brotherrn, aber dem nur durch Anhänglichkeit an einen Ehepartner (und dem dann wieder nur durch einen zweiten Ehepartner). Seit Freud wissen wir, daß die Kultur auf Inzestverzicht gebaut ist. Aber erst an der modernen Partnerschaftsinzucht lernen wir, warum der Inzest immer *out* war: Nicht, weil er unmoralisch, sondern weil er spießig ist, nicht weil er so lustig ist, sondern so langweilig. In dem, was früher einmal Kameradschaftsehe hieß, macht der Mann die Frau zum Mann und die Frau den Mann zur Frau, damit sich nicht Mann und Frau gegenüberstehen, sondern eine Männerfreundschaft und eine Frauenfreundschaft eins werden. Wir haben heute das Kunststück fertiggebracht, die Liebesehe und die Vernunftehe zugleich zu umgehen.

Wenn der Mann aggressiv ist, wie die Frau heute sagt, dann nicht deshalb, weil sein Chef ihm die Gehaltserhöhung verweigert, sondern weil sie sich ihrem Mann verweigert. Die Frauen sagen, sie verweigern sich Männern, die ihnen zu gewalttätig seien. In Wirklichkeit werden Männer aber aggressiv, deren Frauen sich ihnen ständig verweigern — von den Schlaffis abgesehen, die ihre Frauen aggressiv machen, weil sie nicht aggressiv genug sind, sie zu lieben.

Dem Feminismus aller Lustspielarten ist nicht vorzuwerfen, daß er die Männer angreift, sondern daß er sie *nicht* angreift, daß er die Interessen der Frau nicht vertritt, sondern die Interessen der Industrie an ihrer Arbeitskraft. Wenn die Liebe, wie Sartre meinte, das Genie der Armen ist, dann gibt es in Deutschland keine Armut mehr. Ist die Frau ein Bauerntrampel, weil ihr männliches Gegenstück ein Tölpel ist, oder ist er weder Fisch noch Fleisch, weil sie ein Neutrum ist?

Eine Ehe, die eine Sozialpartnerschaft sein will, weil beide das alte Rollenspiel überfordert und nicht etwa ermüdet, ist alles Mögliche, auch alles mögliche Gute, nur keine Ehe. Zwei Menschen, die einander nicht so fremd sind, wie nur Mann und Frau einander fremd sein können, wenn sie wollen, werden miteinander nie so vertraut, englisch *familiar*, daß sie eine gute Familie gründen, also Ein Fleisch werden, um den Dritten im Bunde in die Welt zu setzen, der es besser macht.

Freud diagnostizierte die Inzestwünsche zwischen Eltern und Kindern, die Untersuchung der Inzestwünsche zwischen den Eltern überließ er anderen. Die partnerschaftliche Ehe ist eine Blutsgeschwisterschaft, in der niemand dem anderen fremd genug wird, um die Entfremdung zwischen ihnen aufzuheben. Sie kommen nicht miteinander aus, weil sie einander zu ähnlich sind, nämlich Postenjäger und Aufstiegsbastler oder Unisexisten und Sandkastengespielen. Blutsverwandte behandeln einander oft schlimmer als Fremde, aber Leute so fremd wie Mann und Frau behandeln einander ebenso leicht als Blutsverwandte, wenn ihnen schon der kleine Unterschied zu groß wird. Männlein und Weiblein hierzulande leiden aneinander und untereinander, weil sie einander nicht leiden können, und sie können einander nicht riechen, obwohl und weil sie etwas miteinander haben, z.B. Kinder.

Aber vieles sei doch inzwischen besser geworden, heißt es. In der Tat. Früher schlugen die Leute ihre Kinder mit der Zeit tot. Heute schlagen sie umgekehrt nur noch die Zeit mit ihren Kindern tot. Früher konnten die Eltern miteinander so wenig anfangen wie mit ihrem Nachwuchs. Heute machen sie sich zu den Affen ihrer Kinder, um sich auseinander nichts machen zu müssen. Ein Kind ist die Fortsetzung des Fernsehprogramms mit alternativen Mitteln, und nur deshalb kämpfen wir ständig gegen die bequeme Versuchung, es zu einem Fernseh-Zombie werden zu lassen, der sich statt seine Eltern unterhält. Als Gegenleistung für seine hohen Fixkosten, es sichert schließlich nicht mehr den Altersunterhalt seiner Altvorderen, wird vom Kind Unterhaltung erwartet und nicht, daß es sich vor den Fernseher setzt, weil es mit seinen Eltern nichts anzufangen weiß.

Eigene Kinder sind weder pflegeleicht noch wartungsfreundlich, und je unwichtiger sie ökonomisch und ökologisch für ihre Eltern sind, desto wichtiger wird ihr emotionaler Wert, wenn nicht als Lebensmittel und Bindemittel, so doch als Entertainer, seit sie mehr kosten als einbringen und außerdem Umweltdreckschleudern und Lärmfolterknechte sind. Jeder der ellbogenfreien, zeitgenössischen Familienangehörigen sucht die Kinder auf seine Seite zu ziehen und gegen die übrigen Mitglieder aufzuhetzen oder wenigstens zu immunisieren. Die Vernachlässigung des Nachwuchses von gestern war nur die Kehrseite der Affenliebe von heute.

Seit ihrer Kindheit trauern die Leute ihrer Kindheit umso mehr nach, je schlimmer sie war, und in ihren Kindern dürfen sie endlich ungestraft mit der Jugend jung bleiben, d.h. mit den Kindern kindisch werden, bis diese sich ihrer albernen Eltern schämen. Kinder wollen groß werden wie eh und je, nur ihre Eltern wollen heute Kinder werden und bleiben. Dabei trifft man sich auf halbem Wege, bis die Kinder die Eltern ihrer Eltern sind und die Eltern die Kinder ihrer Kinder. Die antiautoritäre Erziehung, die gerade heute gegen manche ihrer früheren Verteidiger zu verteidigen wäre, ist ja weniger daran gescheitert, daß die Autorität der Eltern über ihre Kinder zu stark geblieben wäre, als daß sie nur spiegelverkehrt ersetzt wurde durch die ebenso blinde Autorität der Kinder über ihre Eltern, die vor der Frucht ihrer Lenden plötzlich auf den Knien lagen, deren banalste Unreife-Bekundungen heiligsprachen und sich auf der Nase herumtanzen ließen von ihrem tyrannischen Wunsch, tyrannisiert zu werden. Die Kinder dieser Eltern sind jetzt Eltern eigener Kinder und glauben es ganz anders zu machen, als sie glauben, daß es mit ihnen gemacht wurde. Und sie haben in der Tat etwas Neues in die Welt gesetzt. Es ist nicht das, als was es in den Medien verkauft wird, und was in den Medien beschrieben wird, existiert gar nicht, aber was jetzt real existiert, ist durchaus die nächste der mathematisch noch möglichen Kombinationen zwischen allen Beteiligten. Wir sind weder die Eltern noch die Kinder unserer Kinder, sondern spielen zur Abwechslung mal deren Geschwister. In der kalten Welt hat niemand echte Freunde, und die eigenen Kinder können vor unserem Freundschaftsangebot zu unserem Glück nicht weglaufen, solange sie uns brauchen. Und das ist die Crux.

Wir schließen mit unserem eigenen Fleisch und Blut nicht nur Waffenstillstand, sondern auch Frieden und Freundschaft, und wenn die Kinder aus dieser ewigen Blutsbrüderschaft herauszuwachsen die Frechheit gewinnen sollten, ist das Untreue und Verrat, der bestraft wird. Der Ehegatte wird nur noch gebraucht, mit ihm Freunde in die kalte Welt zu setzen, und es müssen nicht einmal gemeinsame Freunde sein, sondern eifersüchtig gegen den Mitbewerber gehütete Kameraden, die sich in der ganzen vermeintlich übervölkerten Welt wohl nicht finden lassen. Braune Großeltern, rote Eltern und grüne Enkel — ist das die typisch deutsche Dialektik von These, Antithese und synthetischer Negationsnegation? Der konservative Kulturphilosoph Ortega y Gasset sah den Lebenssinn von Frauen darin, in Bezug auf Männer immer anspruchsvoller zu werden, damit diese sich ihnen zuliebe immer weiter vervollkommnen mögen. Natürlich glauben wir Männer, diese Zukunfts-Sonderangebote schon zu sein, nach denen Frauen nur noch eine Nachfrage entwickeln müßten, und daß wir umgekehrt nicht erst die Männer werden müßten, nach denen ihre besseren Hälften schon dauernd ungeduldig fragen. Ortega verrät selbst, was seinem Traumbild von Traumfrauen und Traummännern in der schnöden Realität entgegensteht: Frauen wählen im Zweifel lieber den Kammerdiener als den Helden. Leider ziehen sie dem Übermenschen den gewöhnlichen Sterblichen vor, um den allzumenschlichen Gattungsdurchschnitt nicht durch Monster zu gefährden. Die Weiber ziehen dem Genie stets das Mittelmaß vor, klagte der misogyne Schopenhauer, der sich für ein Genie schon allein deshalb hielt, weil er weder *homme de femme* noch *homme à femme* war.

Man muß heute offenbar ein eingefleischter Junggeselle sein, um noch die Idee der Familie zu verteidigen gegen Eheleute, die lieber Schwangerschaftsabbrüche und kinderlosen Konsum predigen. Man muß fast wie ein Buddhist leben, um ein Hohelied auf die christliche Ehe anzustimmen gegen Menschen, die im Schoße ihrer Familien oft wie buddhistische Mönche und Nonnen leben.

Psychologen empfehlen uns hartnäckig harten Mackern nun immer häufiger, der verdrängten homoerotischen Minderheitsanteile in unserer multisexuellen Grund- und Abgrundausstattung bewußt zu werden, um der Psycho-Hygiene willen. Ich ziehe es im Gegenteil vor, dieser homosexualisierten Unisexgesellschaft eher zu empfehlen, über aller Allgemeinmenschelei ihre 'heterosexuellen Strebungen' nicht ganz zu vergessen, da nicht wenige von uns innerhalb ihrer Ehen wie Yogis, Onanisten, Schwule und Fetischisten leben. Ich sehe nämlich um mich herum weniger harte Burschen, die es weichzuklopfen gälte, als Schwächlinge, die sich nicht einmal mehr auf Frauen versteifen. Diese Leute können sich nur noch bei Alkohol stärken, aber ich bin gespannt, wie weit die harten Kerle ihre Gehirnerweichung noch treiben müssen, um den harten Kern des Feminismus weich zu stimmen.

Wenn die Aufklärung zeigt, daß alles ganz natürlich ist, dann zeigt der aufgeklärte Deutsche auch im Bett seine umweltberühmte Tierliebe. Dieser 'Geschlechterkrieg' endet hoffentlich bald in einem Nichtverteidigungspakt mit dem Teufel im Leibe statt in einem neuen Umweltkrieg, in den die entnervten Frauen ihre Männer und Söhne schicken, um sie endlich loszuwerden und ihnen später die Niederlage vorzuhalten, d.h. um sie schuldbewußt genug machen zu können zur Steigerung der Arbeitsproduktivität.

Früher verlor jeder seinen Kopf ja auch. Aber aus Liebe und nicht aus ökopazifistischem Feminismus. Feminismus ist schlauer Irrationalismus, Selbstbehauptung der Frau durch freiwillige Selbstenthauptung. Vielleicht würden Frauen ja mehr Köpfchen zeigen, wenn die ebenso wenig scharfsinnigen wie sinnlichen Männer darauf scharf genug wären. Und unter Männern wollen Frauen heute Geist genug entwickelt haben, um auch nur zu wissen, warum sie in der ganzen Menschheitsgeschichte bisher keinen nennenswerten Geist entwickeln konnten? Es ist nur noch eine Frage der Zeit, wann die Impotenz folgenden Autoaufkleber kreiert:

Ur-teils-kraft, nein danke!

Einst machte Liebe jeden Menschen blind — wenigstens für die eigenen Reize. Aber wie sollen Hans und Grete noch Ein Fleisch werden können, wenn sie sich schon wie Ein Ei dem anderen ähneln und vom Ei an im Unisex vereint sind? Und ihre Gruppentherapien, die das Eheleben weniger verbessern als ersetzen, finden natürlich heute eher im Geist von Carl Gustav Jung statt als im kopflastigen Ungeist von Sigmund Freud, dessen 'patriarchalische' Analysen so zersetzend sind, daß sie durch feministische 'Psychosynthesen' wieder verdrängt werden wie gehabt.

Wenn noch Zweifel an der Wahrheit von Freuds Psychoanalyse erlaubt waren, sind sie nun endgültig ausgeräumt durch die entlarvende Permanenz ödipaler Attacken auf Übervater Freud.

Jungen und Mädchen sind für den Beobachter kaum noch auseinanderzuhalten. Aber sie gleichen sich einander nicht an aus Sympathie füreinander, sondern aus Angst vor jener Angst voreinander, die von der Seligkeit der Liebe untrennbar ist. Sie erleben das Glück nicht im Überwinden dieser Urangst, sondern trauen sich nicht, es zu dieser Angst überhaupt noch kommen zu lassen, weil sie zu dieser substantiellen Art von Unglücksein nicht fähig werden wollen.

„Die Phantasie an die Macht!" Inzwischen habe auch ich die beliebte, gegen den vermeintlichen Ungeist der Zeit gerichtete Wandparole endlich doch verstanden : Es braucht ja in der Tat Phantasie, um diese Rübezahlmännchen und diese Schlabberlook-Gretchen, die uns umgeben, attraktiv zu finden. Moderne Ehekrisen, das habe ich verstanden, unterscheiden sich von früheren vor allem dadurch, daß sie keine geheimen Beischlafmittel mehr sind und sein wollen. Ich habe auch verstanden, was heute Geschlechterliebe ist : Liebe zwischen Mann und Frau ist, wenn man trotzdem geboren wird. Ich habe verstanden, daß die Weltbevölkerung nicht aus schierer Menschenliebe explodiert, sondern vor Wut der Menschen aufeinander. Ich habe auch Evas Wut darüber verstanden, daß Adam früher um sie mit Luxus geworben hat, für den er heute erst mit Eva Werbung treiben muß. Hiesige Feministinnen sind zu oft gerade keine „MatriarchInnen", sondern Damen ohne Unterleib, die ihre Zauberkünstler verklagen.

Vergessen ist die bewährte alte Bauernregel : Evas lautes Nein darf nicht immer nur ein leises Ja sein, wenn ihr lautes Ja nicht immer nur ein leises Nein bleiben soll. Sie soll unter ihm liegen können, ohne ihm unterlegen zu sein, und legt sie sich für ihn nieder, soll es das Gegenteil einer Niederlage sein dürfen. Wenn sie aussteigen will aus der bloßen Besteigerei, dann muß sie aufsteigen — aber nicht in die Chefetage, sondern in den gesellschaftlichen „Überbau", und das heißt weder in den Überbau der Chefetage noch in die Chefetage des Überbaus.

Hans kommt nicht aus seinem Überbau heraus, solange Grete ihren Unterbau bewohnt und besetzt hält? Eine Proletarierin muß umgekehrt eine Überbauarbeiterin werden, um ihren Mann langsam aus dem sozialen Unterbau herauszulocken wie Eva ihren Adam aus dem Paradies der Arbeitstiere und mit den Massenvernichtungswaffen einer Frau, die Horden in Individuen auflöst. Aber das wird nicht mit noch so biologisch angebauten Äpfeln gehen. Und beide werden Bauerntrampel bleiben, solange sie dabei auf Unter- und Überbaubehörden hören wollen statt auf das Gewissen ihres besseren Wissens. Weder der deutsche Mann noch die deutsche Frau haben bisher gelitten an einem Übermaß von Versuchung sowohl durch Kopflastigkeit als auch durch den Leibhaftigen im Leibe. Wenn es auch nach dem Zusammenbruch des Sozialismus noch stimmen sollte, daß das Bewußtsein von einem unbewußten Sein bestimmt wird, dann sind beide Geschlechter genau deshalb nicht von Apoll geschlagen, weil sie nicht von Dionysos geschlagen sind, und sie haben umgekehrt kein schwaches Fleisch, weil sie keinen unwilligen Geist haben, nicht raffiniert und virtuos genug sind.

Nicht einmal einen Ödipuskomplex hat heute noch jemand — und sei es zu überwinden. Vor dem Vater hat niemand mehr Angst : Niemand läßt ihn noch so stark werden, daß er Angst genug macht, die Angst davor zu verlieren, daß ein Menschenkind den Rockzipfel seiner

Mutterbilder losläßt. Nicht die Mädchen und Mütter sind seit langer Zeit das *schwache Geschlecht,* sondern die Väter und Söhne. Die sind so schwach geworden, daß Kinder nicht einmal mehr einen Ödipuskomplex zu überwinden bekommen, um erwachsen zu werden. Wer das nicht sieht oder sehen will, ist manipuliert oder will manipulieren. Überall, wo Menschenkinder daheim so wenig Nestwärme erlebt haben, daß sie zeitlebens den 'Sozial-Uterus' der Großen Ökollektive suchen werden, herrscht ein Matriarchat gerade ohne Mütter — wie diese Frauen heute ein Patriarchat ohne Väter diagnostizieren. In jeder 'Gemeinschaft' lockt heute diese nie genossene oder nie überwundene Mutter-Kind-Einheit, am Busen der Magna Mater jedes *Mater*ialismus, im Schoß jeder Kirche, jeder Partei, jeder Mutter Natur.

Die Potenz des Neuen Mannes ist die Fähigkeit, sich in die Lage der Frau hineinzuversetzen und nicht nur in ihr Lager. Verrät er mehr über sich als über sie, wenn er sich mit ihren Augen sieht und ihr das Wort gibt?

Das waren noch gute alte Zeiten, sagen die Frauen, als wir Frauen noch unterdrückt, diskriminiert, mißhandelt und ausgebeutet wurden, genommen und ausgenommen als Lust- und Gebärmaschinen und unbezahlte Hausarbeiterinnen. Und von wem? Von Männern und nicht von diesen weibischen Krüppeln und überalterten Allmuttersöhnchen, die ihre Entfremdung von der Ur-Entfremdung der Entwöhnung bejammern und sich als sogenannte Patriarchen anfeinden, d.h. feiern lassen.

Gibt es etwas, wofür alles, was Frauen heute an Männern zu Recht attackieren, mehr Beispiel ist als ihre Männlichkeit? Nur ihre Unmännlichkeit. Es ist wie eh und je, allerdings : Sie gibt vor, ihm den 'Jupiter' abzunehmen und läßt augenzwinkernd durchblicken, daß sie ihn für einen ebenso brutalen wie weinerlichen Trottel hält, der sich für Jupiter hält.

Was soll frau machen, die Männer sind nun einmal so, sagten die Evas schon immer : Aber früher lehnten wir uns genau an das, wogegen wir uns heute auflehnen, oder lehnen wir uns auf gegen Kerle, an die wir uns nicht anlehnen können? Während kleine Jungen sich einst als große Männer aufspielten, spielen die Kerle heute ihre eigenen dummen Jungen, und die Liebe zwischen Mann und Frau verkam zur 'Beziehungskiste' zwischen Mutter und Kind. Dabei sucht sie in ihm nicht weniger ihre liebe gute Mami-mit-Mammen wie er in ihr, und beide sind zänkisch enttäuscht, bis sie ihre Ehe zur Sozialpartnerschaft von Brüderchen und Schwesterchen gemacht haben, die Hand in Hand wie Hänsel und Gretel singend durch den finstern, bitterkalt globalisierten Wald gehen.

Lustobjekte? Lang ist es her, sagt sie, daß wir ungefragt hin- und hergenommen worden waren als bloße Instrumente maskuliner Triebfedern, klagen Frauen (an). Erst als wir eines Tages oder Nachts entdeckten, daß wir nicht einmal mehr als beliebige Lustobjekte mißbraucht werden, war das Maß voll.

Der Feminismus revoltiert ja nicht dagegen, daß es ein Glied penetrant in die Scheide drängt, sondern die Riesensäuglinge zurück in die Gebärmutter. Gewiß, sie sind heute mit allem hinter uns her — außer mit ihrer Sinnlichkeit, die ihnen so fehlt wie uns. Ist es bloß feministischer Verfolgungswahn, wenn wir uns nur noch von sittlichen Anträgen verfolgt fühlen? Warum finden Frauen sich nicht endlich mit der Gleichberechtigung ab, also mit der Gleichgültigkeit der beiden gleich Ungültigen gegeneinander? Die Anziehung der Geschlechter ist ersetzt durch harte 'Beziehungsarbeit', vor der sich sogar in Berufsarbeit flüchten läßt, und der legendäre alte Geschlechterkampf avancierte zum Rassenkampf zu Tisch und

Bett. Da wird unerbittlich gefeilscht um allerkleinste Trauerarbeitsplatzvorteile und auch Himmelsmachtpositionen im totalen kalten Stellungskrieg um Rechte, Pflichten und Kinder. Führt diesen Geschlechterkrieg, wer zwei Weltkriege geführt hat oder sie beide verloren hat?

Führen wir diesen Kampf gegen diese Unmänner, weil sie zusammen mit uns gegen Big Brother nicht den Klassenkampf führen, der doch den Sozialismus noch lange überleben wird? Wir legen uns doch nicht unter diese Unterlegenen. Sie ist für die Sie-ger, und nur der Krieger soll sie kriegen: Sprachlich hängt 'Venus' zusammen mit 'gewinnen', sagen Frauen.

Wir verweigern uns denen, die sich weigern, mit uns die *Große Verweigerung* gegen das Bestehende zu wagen. Wir brüllen sie an: „Ihr verdammten Herrenmenschen!" Und die Männer schämen sich gar nicht, sich wirklich zu schämen, aber nicht ihrer Sklavennaturen, sondern ihrer vermeintlichen Herr-lichkeit.

Verdächtig schnell und reuig waren sie eingeknickt, statt die ironische Herausforderung anzunehmen und sich zu ermannen, statt entmannen zu lassen. Allzu leicht fällt es ihnen, den Phallus fallen zu lassen, und sie opfern ihre 'sexistischen Vorrechte' allzu willig, als daß nicht der Verdacht erlaubt wäre, das seien ihnen immer nur lästige Pflichten gewesen. Diese Tunten legen uns ihr Totem ganz kampflos zu Füßen und verstehen die 'Grenzen des Wachstums' als Aufruf, nicht ganz erwachsen zu werden, als würden die Bäume der Erkenntnis mit ihnen bereits in den Himmel gewachsen sein.

Auf wen soll eine Frau, die eine sein will, heute nur 'penisneidisch' sein? Etwa auf diese Eunuchen, die weniger mit einer Kastration als mit Mutterliebesentzugsdrohungen zu erpressen sind, und die nicht einmal mehr

Penisneid aufeinander zu haben wagen, sondern nur noch Gebärneid auf unsere urbiologische Kreativität, fragen Frauen. Auf einen Nenner gebracht : Wie bringen wir sie endlich dazu, nicht auf unsere Penislosigkeit neidisch zu sein?

Wir haben alles versucht, sie bei der männlichen Ehre zu packen, also bei der Wurzel aller Dinge. Wir haben diese Machos Memmen und diese Memmen Machos geschimpft, aber sie haben aufatmend geschmeichelt ihre nur noch zum Pipi geeigneten Zipfel abgeschnitten und sind unter Mamas Rockschöße geschlüpft. Übrig blieb die Ehe als versteckter Geschwisterinzest zwischen zwei eineiigen Zwillingen, was die gegenseitige Anziehungskraft nicht gerade in schwindelnde Höhen treibt. Gleichnamige Magnetpole stoßen einander ab, sagt Mutter Natur.

Verfolgt sie ihn mit ihren Nadelstichen, weil er sie mit seinem Ding verfolgt oder weil er gerade nicht mehr hinter ihr her ist? Was waren das noch Zeiten, als Frauen Grund hatten zum berühmten 'Penisneid' und zum hysterischen 'männlichen Protest'! Die Frauen ruhen nicht, bis sie die Männer zu ihren großen Kindern gemacht haben und ihre Söhne zu ihren besseren Männern — aus Enttäuschung über ihre Männer. ER ist der Sklave seiner Sklavin und SIE die Herrin ihres Herrn.

Sie fordern seit langem die totale Arbeitsteilung zwischen den Geschlechtern, aber Arbeitsteilung setzt wenigstens Zweiteilung voraus, doch heute stehen sich keine Geschlechter gegenüber, sondern 'Menschen überhaupt' und reine Lebewesen. Ein komischer Stoßseufzer : Heiliger Marx, der 'Gebrauchswert' der Geschlechter ist ihr bloßer Aus-'Tauschwert' geworden.

Der Ödipuskomplex wird nicht mehr überwunden, das Inzesttabu wird unterlaufen. Zu so etwas wie einen Komplex bringen die Anhänger des einfachen Lebens es erst gar nicht mehr aus lauter Angst, dann nie wieder Simpels zu werden. Bevor der moderne Mensch einen Atomkrieg überleben kann, muß er seine eigene Abtreibung überleben an den Selektionstoren der Bevölkerungspolitiker. Der ultramoderne Normalpsychotiker bringt es nicht einmal mehr zum Neurotiker, sondern ernennt den Wahnsinn zur Geistesgesundheit, indem er schon das schlichte Erwachsenwerden zum Verrücktwerden findet. Es wenigstens einmal zu einem guten alten Ödipuskomplex zu bringen, gilt heute als ebenso schwierig, wie es Sigmund Freuds Patienten erschien, ihren Komplex 'aufzulassen'.

Ödipus 2000 ist kaum noch wiederzuerkennen. Der Mann ist eifersüchtig auf seinen Sohn und schielt nur seine eigene Eifersucht in ihn hinein. Niemand wird mehr durch Gottvater von Mutter Erde erlöst und abgelöst, weder der Erdensohn durch seinen Vater noch Evas Tochter durch ihren Ehemann. Die Parole heißt: Der Inzest ist ein Tabu, und Tabus müssen fallen.

Freud ist tot, es lebe die Rückkehr zu Mutter Natur! Nur immer zu, aber eine rentable Gesellschaft wird die Frage erlauben, was dabei herauskommt. Der moderne Industrie-Narziß kommt nicht mehr zu sich, weil er vor lauter grandioser Selbst-losigkeit nicht mehr aus sich heraus und über sich hinaus zu anderen Menschen kommt. Christopher Lasch sprach vom „Zeitalter des Narzißmus". Der moderne Selbsterhaltungstrieb ist ein Egoismus ohne Ego, wurde gesagt. Dieses Ego hält sich für sein eigenes *Alter Ego*, zu dem es gar nicht mehr kommt. Die modernen Homophil(osoph)en bringen es nicht zum jeweils anderen Geschlecht, sondern bleiben strikt unter sich und verkehren nur mit ihresgleichen. Ihren Ständer benutzen sie nicht dazu, in das andere Geschlecht einzudringen, sondern um sich des Abstandes zu ihrer Über-Mama ständig zu vergewissern.

Klein-Ödipus kommt nicht mehr hinaus über seine liebe Mami oder wagt sich erst gar nicht in sie zu verlieben vor lauter Angst, sie wieder an Daddy zu verlieren oder im Gegenteil von ihr nicht wieder losgelassen zu werden.

Und der Philister interessiert sich nicht für die schöne Fremde, die er nur kolonisiert, wie auch der moderne Ehepartner sich nicht für die exotische Schöne begeistert, sondern nachtwandlerisch sicher für seinen weiblichen Doppelgänger mit gleichem Stallgeruch aus demselben Kaff entscheidet.

Freud wird für veraltet erklärt, weil er die Inzucht zur schlimmsten Form der Unzucht erklärte, gegen die alle sonstige Unzucht fast schon wieder Zucht und Ordnung sei. Das hat die moderne Inzucht ihm nie verziehen. — Man muß sich schon ganz ändern, um zum 'ganz Anderen' zu kommen. Der Zeitgenosse hingegen will sich in allem und in allen immer nur selbst wiederfinden und wiedererkennen, und das natürlich ganz selbst-los.

Das Kapitalverhältnis wird auch nach dem Sozialismus nicht mehr dort bekämpft, wo es herrscht. In Deutschland herrscht es, wo es bekämpft wird : im Kampf der Geschlechter gegeneinander statt umeinander. Denn Frauen kämpfen nur gegen Männer, die nicht mehr gegeneinander um Frauen kämpfen, sondern lieber gegen Frauen um sich selber kämpfen.

Warum macht ein Mann einer Frau so gern Angst, wenn nicht deshalb, weil er Angst hat vor ihr? Und leider hat sie bis heute Angst vor ihm, weil sie Angst hat vor seiner Angst vor ihr. Er will ein Herz erobern, das in die Hose gerutscht ist, und jede Frau ist zu verstehen, die solchen Eroberern widersteht, ohne deshalb gleich so etwas wie 'Welterunterer' zu wollen.

Und wie könnte nun eine vorläufige Zwischenbilanz des Frontverlaufs lauten?

Frauen sind weder so stark, wie sie immer schwach tun,
noch so schwach, wie sie heute stark tun. — Und Männer sind weder so schwachsinnig, wie sie immer klug
tun, noch so gescheit, wie sie sich dämlich (an)stellen.
Adam läuft Eva weg und läuft vor Eva weg, indem er
hinter ihr herläuft. Und sie ist hinter ihm her, indem sie
ihm wegrennt oder vor ihm wegrennt.

Das Mädchen trennt sich bei Abnabelung und Entwöhnung nur von einer Rivalin, die sie ohnehin bloß vom
anderen Geschlecht trennt. Wenn der Mann sich von
seiner Mutter trennt, steht er gegen die ganze Familie,
gegen die Frau, aus der er kommt, und gegen den
Mann, der ihn dazu zwingt. Der Mann muß sich vom
Weibe trennen, um sich mit dem Weibe verbinden zu
können, und er muß sich mit dem Weibe verbinden, um
sich vom Weibe trennen zu können. Seine komischen
Bewegungen bei der körperlichen Liebe später werden
ein sinnfälliges Bild dieses Paradoxes sein : Er dringt in
die Frau ein, um sich zu vergewissern, daß er nicht für
immer von ihr verschlungen wird, und er zieht sich aus
ihr zurück, um sich zu vergewissern, daß es ihn nicht auf
ewig von ihr scheiden wird.

Daß er das Weib aufgeben muß, um es zu erringen,
macht ihn, wenn er erwachsen wird, einsamer und unabhängiger als jede erwachsene Frau, aber auch unselbständiger und herdenviehischer als jede Frau, wenn
er nicht erwachsen werden kann. Auch die Frau wird
erwachsen, indem sie sich von ihrer Mutter löst, aber sie
löst sich von der Mutter, indem sie eine Mutter wird,
während der Mann seinen Ursprung, mit dem er nicht
eins bleiben darf, nur lieben darf. Die Frau trennt sich
von der Mutter, die sie vom anderen Geschlecht trennt,
indem sie selbst der Schoß wird, aus dem sie gekommen ist. Die menschliche Bisexualität ist keine Phrase:
Die Frau muß der Mann werden, den sie nicht lieben

kann, und sie kann nur den Mann lieben, der sie nicht werden muß. — Die Frau wird ihr eigener Ursprung, der Mann kann seinen Ursprung nur lieben.

Die US-Autorin Carol Gilligan hat den 'kleinen Unterschied' entmythologisiert : Für eine Frau ist die eigene Individuation nur ein Mittel, gegen die Gemeinschaft loyal zu bleiben, während für den Mann umgekehrt der 'Sozial-Uterus' nur ein Mittel ist, sich von ihm zu entbinden, um selbständig zu werden.

Es ist ganz vernünftig, daß als vernünftig ein Verzicht gilt, der einen noch größeren Verlust an Lust vermeidet. Vernunft ist damit keine Versagung, sondern eine Entsagung, die mehr einbringt, als sie kostet, wenn sie den Verlust nicht abwartet, der auf den Versuch folgen würde, auf den Verzicht zu verzichten. Als Urverzicht, der jedem Erdenbürger zugemutet wird, um seinen Tod zu vermeiden, gilt der Verzicht auf Inzucht, also der Verzicht darauf, in seiner Familie zu bleiben, statt selber eine zu gründen.

Rational an diesem Verzicht ist die berüchtigte Kastrationsdrohung, also die Aussicht, dadurch nicht länger die Kinder von Eltern bleiben zu müssen, sondern nur dadurch einmal die Eltern von Kindern werden zu können. Vernunft ist eben keine Kastrationalität und Beschneidung das Gegenteil einer Verschneidung.

Ursprünglich ist so etwas wie Vernunft das Vermögen der Einigung mit dem eigenen Vater : Uneins zu werden mit der eigenen Mutter, um sich dermaleinst mit dem anderen Geschlecht vereinigen zu können, d.h. das Kind zu bekommen, um es nicht zu bleiben. Das gilt für Männlein wie für Weiblein.

Was beide von ihrer Mutter entfernt, nähert sie dem anderen Geschlecht, und was sie vom anderen Geschlecht entfernt, nähert sie wieder dem Schoß, aus dem sie kommen, um nicht in ihm zu ersticken. Diese Fähigkeit und Bereitschaft, das Nest zu fliehen, um ein Nest zu bauen, setzt voraus, daß es diese Nestwärme gab. Wer zu viel oder zu wenig davon hatte, um 'Urvertrauen' in Frau Welt und in Gottvater zu gewinnen, wird zeitlebens die Geborgenheit der Großen Mutter suchen müssen im 'Sozial-Uterus' der Massen und Rassen und Klassen, der Horden und Rotten und Bünde, Vereine und Parteien, Kirchen und Gegenkirchen. Der Junge gibt seine Mutter auf, weil er kastriert zu werden fürchtet. Das Mädchen gibt sie enttäuscht auf, weil es sich schon kastriert fürchtet.

Wenn es auch heute noch gilt, das „rigide Über-Ich" zu zerschlagen, dann nicht, weil daraus noch immer die Stimme des Vaters spricht, sondern weil daraus die Stimme des Vaters eben nicht mehr spricht, sondern die Stimme Big Brothers, seines Herrn und Meisters. Das Über-Ich muß der verinnerlichte Vater erst noch werden, damit die Stimme des Gewissens die Stimme der Natur und der Vernunft werden kann. Solange die Väter noch gar keine (wieder) sind, ist das Über-Ich auch nicht das, was in ihm heute so hysterisch bekämpft wird. Was am Über-Ich übel ist, kommt gar nicht vom Vater, und was daran väterlich ist, ist gar nicht so übel.

Ich höre auf, das bloße Kind meines Vaters zu sein, indem ich der Vater meines Kindes werde und das nur werden kann, wenn ich mit Vaters Hilfe von meiner Mutter freikomme für die Frauen dieser Welt und eine davon zur Mutter meiner Kinder mache und nicht zu meiner eigenen Mutter, eine Frau, die nur dadurch aufhört, das bloße Kind ihrer Mutter zu sein, daß sie sich zur Mutter ihres Kindes macht und das nur werden kann, wenn sie sich mit Hilfe desselben Vaters von der Mutter befreit für die Männer dieser Welt und einen davon zum Vater ihrer Kinder macht und nicht zu ihrem eigenen Vater, einen Mann, der ... : Genau diese Vernunft ist es, die heute Repressalie genannt und mit aller Macht bekämpft wird im Namen der Mutter Natur und des Gesetzes. — Von dieser Vernunft spricht nebenbei gesagt die biblische Religion der Väter.

Die Menschen wollen noch heute die unterm Druck gesellschaftlicher Verbote verdrängten Triebe befreien und befreit wissen. Nach Freud ist der Kern jeder Kultur der vom Inzesttabu erzwungene Triebverzicht und der Ödipuskomplex der Kern jeder Neurose (und Psychose das Schicksal dessen, der es nur bis zum „Anti-Ödipus" bringen will, der doch nur ein Ante-Ödipus ist).

Freud wollte das Verdrängte bewußt machen, damit es dann wirklich aufgegeben werden könne. Die heutigen ödipalen Kinder ihres geistigen Vaters Freud wollen das Verdrängte bewußt machen, um es gerade nicht aufgeben zu müssen, sondern um ihm nachgeben zu können. Wer heute an Freud den geistigen Vatermord vollzieht, hat keinen Ödipuskomplex. Er will einfach nur Ödipus sein und bewußt und lebenslang ungestraft bleiben dürfen, d.h. guten Gewissens.

Die permissive Gesellschaft, in der wir leben, mag repressiv sein, aber nicht deshalb, weil sie die Regression zu den Müttern verwehren würde. Sie ist eine Repressalie, weil sie diese Regression heute nicht verwehrt, sondern prämiert.

Früher sorgte die ganze Welt dafür, daß zwei liebende Herzen nicht zueinander kamen. Heute können sie nichts mehr miteinander anfangen, denn sie finden sich, bevor sie sich gesucht haben. Früher stand die ganze Welt zwischen ihnen, heute ist zwischen ihnen gar nichts mehr. Die „Verkehrsberuhigung", die auf deutschen Straßen gefordert wird gegen die Gefährdung spielender Kinder, ist in den Betten zur spielenden Verhütung von Kindern längst eingekehrt.

Hierzulande sind keine sittlichen Verbote nötig, um allzu wuchernde Sinne zu zügeln, hier sind eher Gebote nötig, um die Sinne samt der Besinnung zu wecken. Vielleicht wird eines Tages ja nicht mehr Werbung getrieben mit Frauen und für Autos, sondern dafür, daß beide Geschlechter ohne Autos umeinander werben.

Heute herrscht 'Safer Sex', solange jeder sicher ist vor dem sex appeal, den hier niemand hat. Fette oder selbstoptimierte Kapaune betteln um schmuseweiche Streicheleinheiten. Hier ist überhaupt erst wieder zu werben für das Werben der beiden Geschlechter umeinander, und wer hat das besser getan als der Herrgott persönlich in Genesis 9. Heute ist der Kindermord als Mittel weiblicher Emanzipation naturwissenschaftlich heiliggesprochen, aber übervölkert ist die Erde immer nur von Menschen, die sie schon für übervölkert halten. Wer versteht heute noch, daß die Welt zu klein ist für weniger Menschen : Menschenfluten als Rache Gottes?

„Die Menschen würden die Volkswut gegen die Hexen besser verstehen, wenn sie sich erinnerten, dass die den Hexen ganz allgemein zugeschriebene Bosheit die Geburt von Kindern verhütete … einen solchen Krieg gegen die Kinder in sich begriff.“ (*Gilbert K. Chesterton* : „The everlasting man“, London 1925, Berlin 1930, S. 163)

„Wären nur die Herren Weiber besser, mit den Frau Ehemännern ginge es wohl noch hin.“ *(Lichtenberg)*

Die Umwelt(vor)schützer

Grüne Alarmanlagen schrillen ja nicht schon, wenn die Giftstoffe die Maschinen verlassen, sondern erst, wenn sie die Fabrikanlagen verlassen. Die berühmten Schadstoffe werden erst gemessen, wenn sie in den grünen Wohnvierteln der Bürger hundertmal weniger giftig sind als an ihrem Entstehungsort, dem Arbeitsplatz des Staatsbürgers im Overall. Mit den überaus prominenten Giftwerten, an denen der Mittelstand heute zu sterben verspricht, hat er seine Industriekulis seit zweihundert Jahren leben lassen, ohne in großes Geschrei auszubrechen.

Also geht es den besorgten Bürgern in ihren grünen Wohnvierteln heute darum, den Umweltschmutz so schnell wie möglich wieder dorthin zu kehren, wo er hingehört, unter den Teppich, also zurück in die Fabrik, wo er entsteht. So ist dem Verursacherprinzip Genüge getan.

Kurzum : Die Giftwirkung wird ganz klassenbewusst nicht dort bekämpft, wo sie entsteht, sondern dort, wo sie fast schon vergangen ist, also kurz bevor sie nicht mehr nachweisbar ist. Der einzige Unterschied zu den wirtschaftswunderlichen fünfziger Jahren besteht darin, dass der Bürger sich nirgendwo mehr vor dem Dreck verstecken kann, den das Volk für ihn macht : Der 'Lebensraum' reicht nicht aus.

Die „Umwelt" des Arbeiters ist die Arbeitswelt. Wo endet die Umwelt des Bürgers? Am Fabriktor. Wo die „Umwelt" endet, beginnt die Unterwelt, die Arbeitswelt. Die „Umwelt" ist die Fortsetzung der Arbeitswelt mit bürgerlichen Mitteln. Also muss der Umweltschmutz wieder das werden, was er sein soll, nämlich Arbeitsweltschmutz.

Wer geht jeden Morgen durch das Fabriktor? Der Fabriktor. Die Fabrik ist das Schadstoffkonzentrationslager für Proleten. Wo sind die 'Emissionen' am giftigsten? Am Ort ihrer Erzeugung. Dort stehen die Versuchskaninchen der Umweltbelastbarkeit, Messgeräte auf zwei Beinen, verstaubt und bestrahlt, gerüttelt und geschüttelt, vergiftet und versaftet, verbohrt und ausgefeilt, behämmert und vernagelt.

Gegen die unsichtbare Bestialität dieser Arbeitstierversuche wird nie demonstriert. Der Protest gegen Affenvivisektion lenkt ab davon. Die Industrieschadstoffdichte wird gemessen vor den Nasen der Bürger, nicht der Proleten. Wäre der Arbeitsplatz des Proleten auch nur doppelt so verschmutzt wie die angeblich zerstörte „Umwelt" der Bürger heute, wäre er ein Paradies, Wenn die bürgerliche „Umwelt" zerstört ist, in welchem Zustand ist dann die proletarische Arbeitswelt?

Die Industrie zerstört die grüne Natur nicht halb so gründlich, wie sie die menschliche Natur der Werktätigen zerstört. „Umweltvergiftung" lenkt auch nur ab von der Arbeitsweltverseuchung. Die lautstarken Umweltsäuberungsaktionen sind ein einziges

Ablenkungsmanöver der Biotopmanager und Schadstoffhuber vom Verursacherprinzip und von der längst überfälligen Arbeitsplatzökologie. Die ökologischen Protestreden sind oft selbst die Schadstoffemissionen, für deren Eindämmung sie sich halten oder wenigstens gehalten werden möchten. Der Umwelt- und Datenschutz sollte von Anfang an nur ablenken vom fälligen proletarischen Todeskandidatenschutz, solange die Lunge des Industriearbeiters der allerbeste Schutzfilter für den Bürger ist. Was verschmutzt ist, ist nur die Innenwelt der Umweltschmutzgegner. Hier täte Dachschadstoffmessung mehr als Not, damit die grüne Triebökonomie endlich mal Betriebsökologie wird.

Grüne Ökologie sollte immer nur von roter Ökonomie ablenken. Schadstoffkonzentrationen verringern sich mindestens mit dem Quadrat der Entfernung vom Industriearbeitsplatz. Den Arbeiter trifft die Giftchemie in voller Ladung, den Bürger erst in homöopathischer Verdünnung. Deshalb interessiert er sich heute wieder für Naturheilverfahren.

Niemand muß gleich auf Nietzsche zurückgreifen, um eine Umwertung aller Schadstoffwerte einzuleiten. Schließlich geht es ja weniger darum, kleinbürgerliche „Lebensqualität" zu verbessern als proletarische Lebensqual zu beenden.

Und eine Gewerkschaft, die sich um grüne Wohnviertelnatur mehr kümmerte als um Fabrikbiotope, wäre ein einziger freiwilliger „Arbeiterverräter".